Johannes Lähnemann

Ich singe dir mit Herz und Mund

Liedpredigten II

Johannes Lähnemann

Ich singe dir mit Herz und Mund

Liedpredigten II

Helmut Seubert Verlag

Nürnberg 2009

Titelbild:

Die Rosette der Auferstehungskirche Nürnberg-Zerzabelshof mit der Note in der Mitte als Logo des Kirchenmusikvereins ZABO

Gestaltung und Gesamtherstellung
Helmut Seubert Verlag Nürnberg

Alle Abbildungen nach
Originalen des Autors

Notenvorlagen aus:
Evangelisches Gesangbuch.
Ausgabe für die Evangelisch-Lutherischen
Kirchen in Bayern und Thüringen.
Evangelischer Presseverband für Bayern e.V.

ISBN 978-3-926849-43-4

Inhaltsverzeichnis

Gott mit uns auf dem Weg

Segen

Der Kirchenmusik in der Evangelisch-Lutherischen
Auferstehungskirchengemeinde Nürnberg-Zerzabelshof
gewidmet

60 Jahre Posaunenchor
Zur Einführung

Es war 1949. Am Samstagabend hörte ich beim Einschlafen im Pfarrhaus der Eltern in Lünen-Brambauer den Posaunenchor, in dem auch mein Vater Trompete blies, im benachbarten Gemeindehaus üben. Ich liebte den Bläserklang, besonders die Choralmelodien, die gedämpft zu mir herüber klangen. Im Mai des Jahres bekam ich, kurz vor meinem achten Geburtstag, Klavierunterricht. Im August durfte ich zum ersten Mal ein Flügelhorn in die Hand nehmen. Unser Diakon Minhöfer führte mich und meinen jüngeren Bruder Martin (der dann wieder aufhören musste, weil ihm die Milchzähne ausfielen) in die Grundzüge der Blastechnik ein. Es fiel mir nicht schwer, bald die ersten Melodien zu blasen, und an Heiligabend war es so weit: Ich durfte in der Kirche mitblasen, beim Gottesdienst und danach umringt von vielen staunenden Blicken. Seitdem haben mich Hörner durch das Leben begleitet: von Brambauer aus in die Betheler Teilanstalt Freistatt (Kr. Diepholz/Han.), die mein Vater leitete, dann im Studium in Bethel, Heidelberg, Wien und Münster, in der Zeit als Assistent, Dozent und Professor zunächst in Münster, dann in Lüneburg und Nürnberg. Mit vierzehn Jahren bekam ich ein Waldhorn geliehen, und das Blasen auf ihm wurde zur Leidenschaft, auch im Orchester und als Solist. Die Freundschaft mit dem einzigartigen Hornisten Hermann Baumann inspirierte zu vielen musikalischen Entdeckungen – klassisch, romantisch und modern. Meine Frau Susanne schenkte mir zur Hochzeit 1967 ein Jagdhorn mit Ventilen, und mit ihm beginnend lernten sie und später alle drei Töchter das Blasen. Das Jagdhorn wurde zu meinem „Reisehorn“ – und ertönte im Laufe der Jahre bei allen Reisen: nach Indien, Japan, Australien, in den Nahen Osten, in Argentinien und New York und besonders in Italien und der Türkei: Musik und Volksmelodien sind eine universale Sprache! Zwanzig Jahre lang leitete ich das Bläserensemble an der Erziehungswissenschaftlichen Fakultät der Universität Erlangen-Nürnberg, hatte auch einen Lehrauftrag dafür, und wir musizierten bei vielen geistlichen wie weltlichen und oft auch lustigen Auftritten.

Eine Heimat für die ganze Familie war ab 1981 der Posaunenchor der Auferstehungskirchengemeinde Nürnberg-Zerzabelshof. Mit offenen Armen wurden wir aufgenommen und lernten fränkisch-evangelisches kirchliches Leben und fränkische Lebensart kennen. Bald wurde die Idee der Bläsergottesdienste geboren: ein Lied des Gesangbuchs in den Mittelpunkt zu stellen, darüber zu predigen und den ganzen Gottesdienst musikalisch und geistlich darauf zu beziehen. Als wir zum 50-jährigen Posaunenchorjubiläum 1996 achtzehn Liedpredigten in einem Band veröffentlichten, wurde uns bewusst, welch großer Reichtum an Gotteslob, Ermutigung, Trost und Glaubensstärkung in unserem Gesangbuch enthalten ist. Das Buch erhielt eine außerordentlich positive Resonanz und bestärkte uns, in der „Schatzsuche" fortzufahren.

Nun liegen, rechtzeitig zu meinem persönlichen Jubiläumsanlass, wieder achtzehn Liedpredigten vor. Der Zeitrahmen ist noch weiter gefasst als im ersten Band: Von „Laudato si" nach dem Sonnengesang des Franz von Assisi aus dem 13. Jahrhundert, über die Lieder der klassischen evangelischen Liederdichter Martin Luther, Johann Heerman und Paul Gerhardt bis hin zu einer ganzen Reihe neuerer Lieder – auch dem „jüngsten" Lied des Evangelischen Gesangbuchs, „Vertraut den neuen Wegen" von Klaus Peter Hertzsch (1989) – spannt sich der Bogen. Die Lieder sind diesmal unter vier Überschriften gegliedert: „Lob und Dank", „Durch das Kirchenjahr", „Gott mit uns auf dem Weg" und „Segen". Das erste Lied gibt dem ganzen Band das Motto: „Ich singe dir mir Herz und Mund": Wie das gesungene Gotteslob unsere ganze Person, mit Leib und Seele, erfüllen und unserem Leben Halt und Kraft geben kann, können wir in den achtzehn Strophen dieses Liedes spüren und erfahren.

Anliegen ist, die Lieder mit ihrem künstlerischen und inhaltlichen Reichtum vielfältig zu erschließen: den Spuren ihrer Entstehung nachzugehen, ihre dichterische und musikalische Gestalt zu erhellen, ihren theologischen, seelsorgerlichen, ethischen und besonders auch existenziellen Gehalt sichtbar zu machen und zu aktualisieren.

Mit den lebenden Liederdichtern habe ich direkt Kontakt aufgenommen und von ihnen wertvolle Hinweise erhalten: von Eckart Bücken ebenso wie von Eugen Eckert, Klaus Peter Hertzsch und Peter Strauch.

Meine Gesprächspartner waren und sind aber auch immer Familie, Freundinnen und Freunde: bis zu ihrem Heimgang 2004 meine Frau Susanne, deren liebevolle Ausstrahlung allen, die ihr begegneten, ein unverlierbares Glaubenszeugnis geworden ist, unsere Töchter Henrike, Charlotte und Luise und seit 2008 meine Frau Sabine, die als Lehrerin die vielfältigen geistlichen und religionspädagogischen Anliegen mit mir teilt. Aus der Gemeinde nenne ich besonders unseren leider früh verstorbenen Pfarrer Fridolin Förster, mit dem ich mehrere Dialogpredigten vorbereitet und gestaltet habe. Auch die gegenwärtigen Geistlichen der Gemeinde – Pfarrer Uwe Bartels, Pfarrerin Ulrike Hink und Prädikant Prof. Dr. Harald Seubert – begleiten die Bläsergottesdienste mit großem Interesse. Für den Posaunenchor hebe ich stellvertretend für alle unsere Chorleiterin Heidi Brettschneider hervor, der unsere Gemeinde einen unvergleichlichen kirchenmusikalischen Aufschwung verdankt: in Kirchenchor wie im Posaunenchor, im Gospelchor und in den Kinderchören. Beim „Konzert der Chöre" wirken einmal im Jahr alle zusammen, mehr als hundert Musizierende. Der Kirchenmusik in Zerzabelshof/ZABO und dem Kirchenmusikverein, dessen erster Vorsitzender ich war, ist deshalb dieser Band gewidmet.

Was wir immer wieder erfahren haben, ist, wie sich die Botschaft der Lieder bei aufmerksamem Hinhören in unser persönliches Leben einzeichnet: Wir werden angesprochen, gehalten, getröstet, ermutigt, aber auch herausgefordert, ermahnt und oft auch wach gerüttelt. Die Zeugen des Glaubens, von denen erzählt wird, stehen uns dabei zur Seite. Es sind Christen, aber auch geisterfüllte Persönlichkeiten anderer Religionen. Die Freundinnen und Freunde unserer Nürnberger Gruppe der **Religionen für den Frieden** waren wiederholt dabei als Hörer der Predigten, die ihnen dieses besondere evangelische

Traditionsgut nahe brachten und in denen sie selbst Ermutigendes und Hilfreiches finden konnten. Ähnlich vielfältig ist die ökumenische Gemeinschaft, die sich in den Sommermonaten in unserem Ferienort Luino am Lago Maggiore in der kleinen evangelischen Gemeinde zu den deutschsprachigen Gottesdiensten zusammen findet. Einige der Predigten sind in der wunderschönen Landschaft dort entstanden und vor einer Zuhörerschaft aus Deutschland, Österreich, der Schweiz und Holland in der Chiesa Evangelica gehalten. Weitere Predigtstätten sind die Evangelisch-Reformierte Kirche St. Martha in Nürnberg, der ich mit den Nürnberger ökumenischen und interreligiösen Aktivitäten sehr verbunden bin, und jüngst auch die Evangelisch-Lutherische Kirche St. Peter und Paul auf dem Frankenberg in Goslar, in der Heimatgemeinde meiner Frau Sabine.

Der Bildanhang in diesem Buch stellt die Auferstehungskirche in Nürnberg-Zerzabelshof und das kirchenmusikalische Leben in ihr vor. Sichtbar wird dort auch etwas von der interreligiösen Arbeit in Nürnberg. Die Bilder „Großes Licht und kleine Sonnen" (zum Lied „Komm in unsre stolze Welt", für das ich auch eine neue Melodie samt Begleitsatz komponiert habe) und „Lotse" (zu „Ich möcht', dass einer mit mir geht") stammen wie die Bilder im ersten Liedpredigtenband von der inzwischen leider verstorbenen Münsteraner Künstlerin Rika Unger.

Ich freue mich, dass Helmut und Hedi Seubert es mit Freude und großem Einsatz übernommen haben, auch diesen Band verlegerisch zu betreuen. Meine Töchter Henrike, Charlotte und Luise haben sich mit meiner Frau Sabine das Korrekturlesen geteilt, meine frühere Sekretärin und langjährige treue Mitarbeiterin Gertraud Heckel half darüber hinaus umsichtig und mit Sorgfalt bei der Druckvorbereitung. Allen sage ich herzlichen Dank.

Nürnberg, im Herbst 2009 Johannes Lähnemann

Lob und Dank

Ich singe dir mit Herz und Mund (ö)

Text: Paul Gerhardt 1653. Melodie: Nun danket all und bringet Ehr (Nr. 322)
Satz: Johann Crüger 1653

2) Ich weiß, dass du der Brunn der Gnad und ewge Quelle bist, daraus uns allen früh und spat viel Heil und Gutes fließt.

3) Was sind wir doch? Was haben wir auf dieser ganzen Erd, das uns, o Vater, nicht von dir allein gegeben werd?

4) Wer hat das schöne Himmelszelt hoch über uns gesetzt?
Wer ist es, der uns unser Feld mit Tau und Regen netzt?

5) Wer wärmet uns in Kält und Frost? Wer schützt uns vor dem Wind?
Wer macht es, daß man Öl und Most zu seinen Zeiten find't?

6) Wer gibt uns Leben und Geblüt? Wer hält mit seiner Hand
den güldnen, werten, edlen Fried in unserm Vaterland?

7) Ach Herr, mein Gott, das kommt von dir, du, du musst alles tun,
du hältst die Wach an unsrer Tür und lässt uns sicher ruhn.

8) Du nährest uns von Jahr zu Jahr, bleibst immer fromm und treu
und stehst uns, wenn wir in Gefahr geraten, treulich bei.

9) Du strafst uns Sünder mit Geduld und schlägst nicht allzusehr,
ja endlich nimmst du unsre Schuld und wirfst sie in das Meer.

10) Wenn unser Herze seufzt und schreit, wirst du gar leicht erweicht
und gibst uns, was uns hoch erfreut und dir zur Ehr gereicht.

11) Du zählst, wie oft ein Christe wein und was sein Kummer sei;
kein Zähr- und Tränlein ist so klein, du hebst und legst es bei.

12) Du füllst des Lebens Mangel aus mit dem, was ewig steht,
und führst uns in des Himmels Haus, wenn uns die Erd entgeht.

13) Wohlauf, mein Herze, sing und spring und habe guten Mut!
Dein Gott, der Ursprung aller Ding, ist selbst und bleibt dein Gut.

14) Er ist dein Schatz, dein Erb und Teil, dein Glanz und Freudenlicht,
dein Schirm und Schild, dein Hilf und Heil, schafft Rat und lässt dich
nicht.

15) Was kränkst du dich in deinem Sinn und grämst dich Tag und
Nacht?
Nimm deine Sorg und wirf sie hin auf den, der dich gemacht.

16) Hat er dich nicht von Jugend auf versorget und ernährt?
Wie manches schweren Unglücks Lauf hat er zurückgekehrt!

17) Er hat noch niemals was versehn in seinem Regiment,
nein, was er tut und lässt geschehn, das nimmt ein gutes End.

18) Ei nun, so lass ihn ferner tun und red ihm nicht darein,
so wirst du hier im Frieden ruhn und ewig fröhlich sein.

Predigt im Bläsergottesdienst am 9. Juli 1996 in der Evangelisch-Lutherischen Auferstehungskirche Nürnberg-Zerzabelshof über das Lied

„Ich singe dir mit Herz und Mund“
von **Paul Gerhardt** (1653)
EG 324

Liebe Gemeinde! „Ich singe dir mit Herz und Mund, Herr, meines Herzens Lust“ - mit diesen Worten beginnt Paul Gerhardt wie mit einem schwungvollen Auftakt die 18 Strophen unseres heutigen Liedes. Er singt mit Herz und Mund. Und damit sagt er: Meine Choräle sind nicht nur schöne Gesänge; sie kommen aus dem Herzen!

Welchen tiefen Sinn das haben kann, habe ich in diesem Frühjahr erfahren, als ich mit meinen Geschwistern am Sterbebett meines Vaters stand und wir ihn während seiner letzten Stunden begleiteten. Er hatte noch den Gottesdienst zu Martin Luthers Todestag gehalten: Nach seiner Predigt, beim Vaterunser war er mit einer Gehirnblutung zusammengebrochen. Nun lag er vor uns mit geschlossenen Augen, konnte nicht mehr sprechen; aber ein gelegentlicher Händedruck zeigte uns, dass er unsere Nähe spürte. Wir beteten die Psalmen und sangen die Lieder, die ihm Zeit seines Lebens vertraut gewesen waren. Als die letzte Stunde nahte und der Herzschlag schon allmählich zurückging, stimmten wir noch einmal „Befiehl du deine Wege“ von Paul Gerhardt an. Am Ende der zwölf Strophen sagte uns die Ärztin, die in der Zeit den Monitor beobachtet hatte: „Haben Sie es gesehen, während des ganzen Liedes war die Herzfrequenz noch einmal deutlich höher!“

Dies war ein besonderes Zeichen für uns in der Sterbestunde unseres Vaters: Die Lieder Paul Gerhardts hatte er nicht nur immer gerne gesungen, sondern zutiefst im Herzen getragen. Mit ihnen konnte er die Freude an Gottes Werken empfinden. In ihren Worten fand er Zuflucht, wenn ihm die Bedrängnisse des Lebens eine Anfechtung waren - nicht zuletzt die schrecklichen Bilder aus dem 2. Weltkrieg, die ihm immer wieder zu schaffen machten. Aus ihnen gewann er Ermutigung, die er für die schwierige Arbeit mit den gestrauchelten

jungen Menschen brauchte, für die er in der Betheler Zweiganstalt Freistatt verantwortlich war.
Auch für uns waren die Paul Gerhardt-Worte in der schweren Stunde des Abschieds ein Trost und eine Hilfe, weil sie in so einzigartiger Weise von Gottes gutem Willen für uns Menschen sprechen, der gerade auch in Traurigkeit und Not sichtbar werden will.

Und so wollen wir in dieser Stunde nachdenken über die vielen Bilder, die das Lied „Ich singe dir mit Herz und Mund“ bereithält, wollen dem inneren Ton des Liedes lauschen, seine zu Herzen gehende Botschaft vernehmen.
Die ersten drei Strophen haben wir mit dem Choralsatz gesungen, der die Melodie von Johann Crüger mit ihrem freudigen Grundklang aufnimmt:
Mit Herz und Mund, mit seiner ganzen Existenz singt Paul Gerhardt von Gott. Er nennt ihn „meines Herzens Lust“, er redet von ihm als „Brunn der Gnad und ewge Quelle“. Warum er so von Gott sprechen und singen kann, das begründet er in seinem ganzen langen Lied. Zu jedem der guten, positiven Gedanken, die Paul Gerhardt in seinem Lied entfaltet, könnten kritische Geister Gegenbeispiele und Gegenargumente finden, wo von Gottes Führung und gutem Geleit wenig zu spüren war. Aber auch Paul Gerhardt weiß sehr wohl davon, dass sein Gottvertrauen nicht die Garantie für ein unbelastetes, leichtes Leben ist. Und doch hält er an diesem Grundvertrauen als der Grundlage, als dem Segen seines Lebens fest.

Drei wichtige Motive, drei innere Aufrufe möchte ich nennen, die das Lied durchziehen:

1. Dank an Gott für seine guten Werke.
2. Zuflucht bei Gott in Not und Bedrängnis
3. Ermutigung von Gott für ein getrostes und hoffnungsvolles Leben.

1. Den **Dank für Gottes gute Werke** finden wir zunächst in Strophe 3 und 4:
„Was sind wir doch, was haben wir auf dieser ganzen Erd,

das uns, o Vater, nicht von dir allein gegeben werd?
Wer hat das schöne Himmelszelt hoch über uns gesetzt?
Wer ist es, der uns unser Feld mit Tau und Regen netzt?“

Das blaue Himmelszelt, von dem wir wissen, dass sich hinter ihm das ganze weite Weltall verbirgt, Regen und Tau, wie wir ihn am Morgen auf den Wiesen und Feldern erfrischend einatmen können: Sie sind für Paul Gerhardt das Bild für die Schönheit und Größe der Schöpfung Gottes. Die Melodie malt dazu etwas von der Leichtigkeit des schönen, bewegten Himmels, über den man auch Wolken ziehen sieht, unter dem man die Vögel singen hören kann.
Die Schönheit von Himmel und Erde, das Staunen über ihre Vielfalt, über all das, was uns geschenkt, gegeben ist, ohne dass wir es gemacht haben, soll uns hineinführen in ein sorgsames Leben, einen verantwortungsvollen Umgang mit all den guten Gaben.
Ein weiteres zentrales Motiv für Lob und Dank findet sich in der 6. Strophe unseres Liedes:
„Wer gibt uns Leben und Geblüt? Wer hält mit seiner Hand
den güldnen, werten, edlen Fried in unserm Vaterland?“
Dass **Friede** absolut nichts selbstverständliches ist, das wusste Paul Gerhardt nur allzu gut: Unter unserem Lied steht die Jahreszahl 1653. Nur fünf Jahre sind seit dem Ende des schrecklichen, menschenverachtenden dreißigjährigen Krieges vergangen, der weite Landstriche in Deutschland entvölkert und verödet hat. Dass der Friede etwas unvergleichlich wertvolles ist, ein Gottesgeschenk, für das man danken muss, ist für Paul Gerhardt ganz wesentlich. Er dankt Gott, dass er nicht zugelassen hat, dass die Menschen ihre ganze Erde verwüsten konnten, ja, dass allmählich ein Wiederaufbauen von Dörfern und Städten möglich ist.
Dieser Dank müsste uns in unserem Jahrhundert wieder ganz wichtig sein: Wer hätte nach den beiden Weltkriegen, die Deutschland verloren hat, mit einer solchen Zeit äußeren Friedens und des Aufbaus rechnen können?! Aber auch dies: Noch vor zehn Jahren war unser Land, war Europa geteilt, zog sich der Todesstreifen mitten durch Deutschland. Junge Deutsche standen sich auf der einen und

der anderen Seite bewaffnet gegenüber. Auf Flüchtlinge wurde geschossen. Und bei den Großmächten im Hintergrund wurden noch ernsthaft die Möglichkeiten eines Atomkrieges durchgespielt, der unsere ganze Erde in Schutt und Asche hätte legen können. Ist es uns nicht zu schnell aus dem Bewusstsein geschwunden, welch ein Geschenk die Wende in unserem Land ohne Blutvergießen bedeutet?!

Und andererseits müssen wir immer noch erleben, ein wie zerbrechliches, unselbstverständliches Gut der Friede ist - im ehemaligen Jugoslawien wie in Nordirland, im Nahen Osten wie in Afrika. Und wir wissen, wie sehr Gott unsere Mitarbeit für sein Friedenswerk braucht, welch notwendige Arbeit für den Frieden es ist, dass wir uns für Gerechtigkeit einsetzen, für die Achtung der Menschenwürde, für Toleranz und gegenseitiges Verstehen. Diese Aufgabe ist es ja auch, die uns in der Weltkonferenz der Religionen für den Frieden zusammenführt - als Menschen, die von ihrem Glauben, ihrer Überzeugung aus gegen Fanatismus, Hass und Unduldsamkeit arbeiten. Wir besuchen uns, wir lernen uns kennen, wir führen das Gespräch, wir überwinden Angst und Vorurteile und wir arbeiten zusammen.

2. Das nächste Grundmotiv des Liedes ist die **Zuflucht zu Gott in Not und Bedrängnis.** Es findet sich in den Strophen 10 und 14:

„*Wenn unser Herze seufzt und schreit, wirst du gar leicht erweicht und gibst uns, was uns hoch erfreut und dir zur Ehr gereicht. ...*
(V. 14) *Er ist dein Schatz, dein Erb und Teil, dein Glanz und Freudenlicht, dein Schirm und Schild, dein Hilf und Heil, schafft Rat und lässt dich nicht.*“

Dass es Sünde und Schuld in unserem Leben gibt, Not und Verzweiflung, wird in dem Lied nicht verdrängt oder beschönigt.

Jeder und jede von uns - wir sehen, wenn wir die Augen nicht zumachen, eigenes und fremdes Leid, eigene und fremde Schuld: Schmerz und Krankheit, Bosheit und Neid, Egoismus und das Hinwegsehen über die Not anderer. Oft genug erfahren wir Kälte und Härte, kaum zu tragende Lasten, und unser Herz kann nur noch seufzen und

schreien.
Paul Gerhardt will sagen: Auch diese Seufzer und Schreie hört Gott. Wir dürfen vor ihn treten, dürfen zu ihm rufen, wie Jesus am Kreuz gerufen hat: „Mein Gott, mein Gott, warum hast du mich verlassen!"
Gott will uns umgeben und umfangen gerade dann, wenn unser Herz seufzt und schreit. Paul Gerhardt benutzt hier das Bild von Gott als dem **Schirm und Schild**, der schützt, der Verzweiflung abwehrt, der Geborgenheit gibt.
Vielleicht denken wir dabei auch an die Menschen in unserer Welt, die Schirm und Schild besonders brauchen: die Menschen, die wegen ihrer Überzeugung verfolgt, gefangen gesetzt und nicht selten sogar gefoltert werden und auf die uns Amnesty International immer wieder aufmerksam macht; - oder auch an die Familien, die in ein Kirchenasyl aufgenommen sind, wo ganze Gemeinden versuchen, Schirm und Schild zu sein und wo es viel Fantasie und Kraft braucht, einen menschenwürdigen Weg der Bewahrung und Hilfe zu finden.

3. Damit kommen wir zu dem dritten Grundmotiv unseres Liedes - nämlich der **Ermutigung für ein getrostes und hoffnungsvolles Leben**. Paul Gerhardt redet eigentlich jeden von uns an, wenn er im 15. Vers schreibt:
„Was kränkst du dich in deinem Sinn und grämst dich Tag und Nacht?
Nimm deine Sorg und wirf sie hin auf den, der dich gemacht."
Paul Gerhardt hätte in seinem Leben und besonders an seinem Ende immer wieder genügend Grund gehabt, sich tief zu grämen: Seine Stelle an der Nikolaikirche in Berlin musste er wegen seiner lutherischen Bekenntnisüberzeugung verlassen, bald darauf verlor er seine Frau, die ihn immer gestärkt und gestützt hatte, und am Ende seines Lebens überlebte ihn nur ein einziger Sohn. Und trotzdem schreibt er in seinem Testament, wenige Monate vor seinem Tod:
„Nachdem ich nunmehr das 70. Jahr meines Alters erreicht, auch dabei die fröhliche Hoffnung habe, dass mein lieber frommer Gott

mich in kurzem aus dieser Welt erlösen und in ein besseres Leben führen werde, als ich bisher auf Erden gehabt habe: so danke ich ihm zuvörderst für alle seine Güte und Treue, die er mir von meiner Mutter Leib an bis auf jetzige Stunde an Leib und Seele und an allem, was er mir gegeben, erwiesen hat." (nach G. Rödding: Paul Gerhardt. Gütersloh 1981, S. 104)

Die Weise, in der Paul Gerhardt in allen Bedrängnissen Mut und Hoffnung aus seinem Glauben gewinnt, kann uns ein Vorbild sein.

Ihr entspricht in besonderem Maße die 13. Strophe unseres Liedes, die wie für eine Tanzmelodie gedichtet ist:
„Wohlauf, mein Herze, sing und spring und habe guten Mut!
Dein Gott, der Schöpfer aller Ding, ist selbst und bleibt dein Gut."

Paul Gerhardt lädt unsere Herzen zum Singen und Springen ein; er lädt ein, Zeichen der Freude in unserem Leben zu suchen und zu entdecken und sie als Gabe dessen zu nehmen, der letztlich alles in seiner Hand hat. Freude kann entkrampfen, kann frei machen; aber sie braucht auch regelmäßigen Platz in unserem Leben. Wer lachen, wer tanzen kann - innerlich und äußerlich -, der hat auch Kraft für schwere Stunden und schwere Aufgaben.

Verbunden ist dieser Freudenvers mit einem tiefen Vertrauen in Gottes Beistand und Bewahrung:

„Er hat noch niemals was versehn in seinem Regiment,
nein, was er tut und lässt geschehn, das nimmt ein gutes End."
(V. 17)
Dies ist ein starker Vers mit einer starken Aussage. Wenn wir unsere Weltgeschichte betrachten, dann scheint sie ihm nicht recht zu geben. Gibt es da nicht zu oft ein schlimmes Ende mit allem, was Menschen sich und der Schöpfung Gottes schlimmes antun können?
Als Christen leben wir in unserem Glauben aber davon, dass Gott in diese Weltgeschichte **seine** Geschichte eingezeichnet hat. Es ist nicht die Geschichte der Feldherren, der Tyrannen, der blendenden

Siegergestalten. Es ist eine Gegengeschichte gegen alles, was Menschen mit bösem Sinn tun und geschehen lassen. Es ist die Geschichte Jesu Christi.
„Was er tut und lässt geschehen“: **Was hat Gott in Jesus getan?** Er schenkte einfachen, bedürftigen Menschen seine Gemeinschaft. Er heilte Kranke und Ausgestoßene. Er löste die, die von Dämonen besessen waren, von ihrem Leid. Er befreite Ausbeuter von ihrer Habgier. Er schenkte Menschen, die unter ihrer Schuld vergingen, einen neuen Anfang.
Was hat Gott an Jesus geschehen lassen? Es ist die Geschichte, die uns das Kreuz erzählt: Wehrlosigkeit, Ausgeliefertsein, verlassen und verleugnet von seinen Freunden. Und da bittet Jesus noch für die, die ihn gefoltert haben!
Aber das Kreuz ist nicht das Ende, sondern es folgt der Ostermorgen und damit das neue Leben in Jesus.
„Das nimmt ein gutes End“: Der Ostermorgen erzählt uns von der Überwindung des Todes, der Überwindung der Schuld, der Überwindung der Feindschaft und Bosheit. Sie haben nicht mehr das letzte Wort. Dass Gott **diese** Geschichte in unsere Weltgeschichte eingezeichnet hat, ist unsere Hoffnung und Ermutigung.
Mit diesem Schlussvers wollen wir noch einmal all das in unser Herz hineinnehmen - Dank, Zuflucht und Ermutigung -, was Paul Gerhardt uns in seinen achtzehn Strophen von Gott erzählt.

Amen.

ö

Aus meines Herzens Grunde

443

2 daß du mich hast aus Gnaden / in der vergangnen Nacht / vor G'fahr und allem Schaden / behütet und bewacht, / demütig bitt ich dich, / wollst mir mein Sünd vergeben, / womit in diesem Leben / ich hab erzürnet dich.

3 Du wollest auch behüten / mich gnädig diesen Tag / vors Teufels List und Wüten, / vor Sünden und vor Schmach, / vor Feu'r und Wassersnot, / vor Armut und vor Schanden, / vor Ketten und vor Banden, / vor bösem, schnellem Tod.

4 Mein' Leib und meine Seele, / Gemahl, Gut, Ehr und Kind / in dein Händ ich befehle / und die mir nahe sind / als dein Geschenk und Gab, / mein Eltern und Verwandten, / mein Freunde und Bekannten / und alles, was ich hab.

5 Dein' Engel laß auch bleiben / und weichen nicht von mir, / den Satan zu vertreiben, / auf daß der bös Feind hier / in diesem Jammertal / sein Tück an mir nicht übe, / Leib und Seel nicht betrübe / und mich nicht bring zu Fall.

6 Gott will ich lassen raten, / denn er all Ding vermag. / Er segne meine Taten / an diesem neuen Tag. / Ihm hab ich heimgestellt / mein Leib, mein Seel, mein Leben / und was er sonst gegeben; / er mach's, wie's ihm gefällt.

7 Darauf so sprech ich Amen / und zweifle nicht daran, / Gott wird es alls zusammen / in Gnaden sehen an, / und streck nun aus mein Hand, / greif an das Werk mit Freuden, / dazu mich Gott beschieden / in meim Beruf und Stand.

Text: Georg Niege (um 1586) 1592
Melodie: 16. Jh.; geistlich vor 1598

Predigt im Bläsergottesdienst am 8. Juni 1997
in der Evangelisch-Lutherischen Auferstehungskirche
Nürnberg-Zerzabelshof über das Lied

„Aus meines Herzens Grunde sag ich dir Lob und Dank“

von **Georg Niege** (um 1586)
EG 443

Liebe Gemeinde! Es ist ein altes Lied, es ist ein sehr frommes Lied, das wir heute in den Mittelpunkt unseres Gottesdienstes gestellt haben: Die Bilder, die Worte sind nicht aus unserer Zeit. Wer blickt schon so hinauf zu Gottes Thron wie der Dichter dieses Liedes, wenn er den neuen Tag begrüßt? Wer bittet darum, vor des Teufels List und Wüten behütet zu werden? Wer hofft darauf, dass Gott seinen Engel schickt, um den Satan zu vertreiben? Und an einigen Stellen haben die Herausgeber des neuen Gesangbuches den Text auch schon geglättet, wo er gar zu altertümlich wirkte: So ist in Vers 4 von denen, „die mir nahe sind“ die Rede statt vom „Hausgesind“ wie früher.
Und doch singt sich dieses Lied auch mit seinen alten Bildern ganz eigentümlich in unser Gemüt hinein - mit dem großen Gottvertrauen, das es ausstrahlt, mit der Melodie, die sich so freudig und getrost dahinschwingt, besonders wenn wir sie in dem schönen Tonsatz von Johann Sebastian Bach hören - und mit dem Rhythmus der Sprache, die uns ins Nachdenken bringen will darüber, was wirklich wichtig ist an einem neuen Morgen.
Von **Georg Niege**, der dieses Lied gedichtet hat, finden wir nur dieses eine Lied in unserem Gesangbuch. Ähnlich spärlich sind die Angaben über ihn im Nachschlagewerk zum Gesangbuch. Einige weitere Hinweise habe ich in zwei Lexika gefunden. Sie lassen eine sehr bewegte Lebensgeschichte erkennen:
Georg Niege wurde 1525 in Allendorf/Hessen geboren. Sein Vater war ein bekannter Schulmeister und Humanist, der später Professor der Geschichte und Physik an der Universität Marburg wurde. Der Sohn Georg zeigte früh musikalische Begabung und sang schon mit acht Jahren in einem Kasseler Chor unter der Leitung des dortigen Hofkomponisten. Er studierte Musik, alte Sprachen und Philosophie in Marburg.

Doch mit 21 Jahren wurde er Soldat. Als Landsknecht kämpfte er 1546 im Schmalkaldischen Krieg. Es war der Krieg, in dem der Kaiser die evangelischen Fürsten in die Knie zwingen wollte. Martin Luthers Reformation stand auf dem Spiel. Georg Niege fühlte sich Martin Luther sehr verbunden. Das können wir auch daran erkennen, dass er offenbar Luthers Morgensegen als Grundlage seines Liedes nahm und ihn in gereimter Form entfaltete. Niege war dann als Offizier auch in Schottland und in den Niederlanden. Er erhielt den Beinamen „der fromme Hauptmann“. Später arbeitete er als Notar und Amtmann in den norddeutschen Städten Stade, Minden, Lage und Herford. 1588 zog er sich auf seinen Hof in Rinteln an der Weser zurück. Dort stellte er in fünf Bänden eine Sammlung fremder und eigener Lieder zusammen, die ganz in der Tradition Martin Luthers standen.

Es ist schon erstaunlich, wenn ein ehemaliger Soldat ein Liederdichter und -sammler wird, besonders, wenn wir uns dann unser heutiges Lied anschauen. Aber wir erkennen jetzt, welchen ernsten Hintergrund das Lied hat: Wer als Soldat jeden Morgen mit der Ungewissheit aufgestanden ist, was dieser Tag wohl an Gefährdungen und Überlebensmöglichkeiten bringen könnte, wer immer auch die Gefahr sehen musste, in seinem Beruf anderen Unrecht zu tun, weiß wohl besonders, dass er sich einem anvertrauen muss, der größer ist als die Feldherren, die die Befehle geben, und der größer ist als die Gefahren, die von allen Seiten drohen.

Wenn wir den Worten und Bildern dieses Liedes nachgehen, werden wir in eine Blickrichtung hineingeholt, die wir so oft gar nicht haben. Denn zunächst einmal sieht das Lied ganz ab von den täglichen Sorgen und Pflichten, wie sie uns gefangen nehmen können und nicht zum Atem und zur Ruhe kommen lassen wollen.

Die erste Strophe ist ein reiner Lobpreis. Sie richtet sich ganz auf Gott und sie kommt dem Dichter mitten aus dem Herzen:

Aus meines Herzens Grunde sag ich dir Lob und Dank
in dieser Morgenstunde, dazu mein Leben lang,
dir, Gott, in deinem Thron, zu Lob und Preis und Ehren
durch Christus, unsern Herren, dein' eingebornen Sohn,

Georg Niege wendet sich an Gott als an den, der die höchste Macht hat, der letztlich alles in der Hand hat. Er lädt uns ein, mit ihm hinzuschauen auf den, der verlässlicher ist als alles, was wir auf Erden haben, und in den Dreiklang einzustimmen - in Lob und Preis und Ehre. Danach bezieht er sich gleich auf Christus, und schlägt damit wieder eine besondere Blickrichtung ein: Er schaut auf Christus, der uns den ewigen Gott als den liebenden Vater gezeigt und nahe gebracht hat; er schaut auf Christus, in dem Gott uns sein Bestes gibt, ja in dem er sich uns liebevoll schenkt; er schaut auf Christus, in dem Gott an unsere Seite gekommen und unser Bruder geworden ist.

Von dem Lobpreis Gottes aus entfaltet Georg Niege dann sein Morgenlied. Was er sich dabei von Gott erbittet, könnte man in **drei Wünschen** zusammenfassen - also fast wie im Märchen. Aber wie im Märchen geht es nicht um 3 gewöhnliche Wünsche, wie sie Menschen gerne haben - nicht um Reichtum, Ehre, Geld, ja nicht einmal Gesundheit und ein langes Leben stehen im Mittelpunkt -, sondern es sind Wünsche mit einer viel tieferen Bedeutung.
Sein **erster Wunsch** ist: Lass mich frei sein von Sünde und Schmach!
Sein **zweiter Wunsch** ist: Stell mir deinen Engel an die Seite!
Sein **dritter Wunsch** ist: Begleite mich mit deinem Rat!
Drei altertümlich klingende Wünsche - und doch führen sie uns zu dem hin, was wirklich wichtig ist in unserem Leben.

1. Der erste Wunsch: **Lass mich frei sein von Sünde und Schmach!**
Um ihn kreist der 2. und 3. Vers unseres Liedes.
Der 2. Vers knüpft dabei zunächst an den Lobpreis im 1. Vers an:

dass du mich hast aus Gnaden in der vergangnen Nacht
vor G'fahr und allem Schaden behütet und bewacht,
demütig bitt ich dich, wollst mir mein Sünd vergeben,
womit in diesem Leben ich hab erzürnet dich.

Nach dem Dank für die Bewahrung in der vergangenen Nacht trägt Georg Niege seine erste Bitte vor: „demütig bitt ich dich, wollst mir mein Sünde vergeben". Eine erstaunliche Bitte am Anfang eines neu-

en Tages! In der Nacht, im Schlaf konnte man doch eigentlich keine Sünde begehen! Aber wer von uns weiß nicht, wie sehr eine Last, eine alte, nicht vergebene Schuld in der Nacht den Schlaf rauben und den ganzen Tag überschatten kann. Das kann ein unbedachtes Wort gewesen sein, mit dem wir jemand tief verletzt haben. Das kann ein Streit oder eine Auseinandersetzung in der Familie oder am Arbeitsplatz gewesen sein. Das kann eine Hilfe sein, die wir jemandem schuldig geblieben sind, der in Not war. Unser Liederdichter möchte frei von solchen Lasten in den neuen Tag gehen können. Vielleicht kann es auch uns helfen, einen neuen Tag damit anzufangen, dass wir Gott vorlegen, was uns bedrückt und beschwert und wo wir Sünde auf uns geladen haben, und darüber nachzudenken, wo wir mit seiner Hilfe Dinge wieder ins rechte Gleis bringen können, damit wir den neuen Tag frei von alten Lasten gestalten können.
Die 3. Strophe nimmt diesen Gedanken auf und vertieft ihn:

Du wollest auch behüten mich gnädig diesen Tag
vors Teufels List und Wüten, vor Sünden und vor Schmach,
vor Feu'r und Wassernot, vor Armut und vor Schanden,
vor Ketten und vor Banden, vor bösem, schnellen Tod.

Auch der neue Tag soll frei sein von Sünde, Schmach und Schande. Sünde, Schmach und Schande: Das sind Dinge, die unser Selbst zerstören können, die uns unsere Identität rauben, so dass wir nicht mehr aufrecht gehen können. Wenn wir von ihnen bedroht sind, dann ist das, wie wenn wir in Ketten gelegt sind. Der Dichter bittet aber auch um Bewahrung vor Feuer und Wassernot, vor Armut und vor bösem, schnellem Tod. Er wird dem allen in seinem Leben oft genug begegnet sein. Aber auch wir verstehen diese Bitten: Im Zeitalter der Umweltkatastrophen sehen wir neu, was Feuer und Wassernot sein können. In einer Zeit zunehmender Arbeitslosigkeit erleben wir neu, was Armut bedeutet. In der Zeit der plötzlichen, schrecklichen Verkehrsopfer begegnet uns der böse, schnelle Tod oft genug.
Am Anfang aller Nöte aber steht für Georg Niege des „Teufels List und Wüten“. Auch das wirkt für uns wieder sehr altertümlich. Aber kön-

nen wir, wenn wir nachdenken, nicht sehr gut verstehen, was Georg Niege hier meint? Ist unsere Welt nicht voll von Versuchungen und Versuchern? Das Böse begegnet uns ja nicht nur als Unheil, sondern auch als Person!

Denken wir nur an die großen Tyrannen dieses Jahrhunderts, an Stalin und Hitler! Hans von Wedemeyer, der Vater von Dietrich Bonhoeffers Braut, hat seine Lage unter Hitler einmal so gekennzeichnet, dass er sagte: „Wir leben in des Teufels Gasthaus!" Er hat um das Teuflische gewusst, das in Menschen fahren kann und das mit List und Wüten Kriege anzettelt und Millionen Menschen auf grausamste Weise zu Tode bringt.

Des Teufels List: Ist sie nicht auch unter uns, wenn wir bequeme Feindbilder kultivieren, mit denen wir die Schuld immer nur bei den anderen suchen. Ist sie nicht unter uns, wenn wir lieblos oder gar gehässig über andere Menschen reden, wenn wir an bösen Gerüchten mitspinnen, die andere Menschen vernichten können?!

„Lass mich frei sein von Sünde und Schmach": All das ist mit dieser ersten Bitte Georg Nieges gemeint.

2. Der zweite Wunsch Georg Nieges hängt eng mit dem ersten zusammen: **Stell mir deinen Engel an die Seite!** Wir können diesen Wunsch gleichsam als Überschrift über die 4. und 5. Strophe unseres Liedes setzen.

Dabei blickt Georg Niege in Vers 4 zunächst um sich und legt alles in Gottes Hände, was zu seinem Lebenskreis gehört:

Mein' Leib und meine Seele, Gemahl, Gut, Ehr und Kind
in dein Händ ich befehle und die mir nahe sind
als dein Geschenk und Gab, mein Eltern und Verwandten,
mein Freunde und Bekannten und alles, was ich hab.

Leib und Seele, Familie, Besitz, gute Freunde und Nachbarn: Georg Niege sieht darin ein hohes Gut, ja ein Geschenk und eine Gabe Gottes. Ich denke, jeder von uns weiß, wie sehr wir darauf angewiesen sind, dass wir Menschen haben, die uns nahe sind, Menschen, mit

denen wir sprechen können, wenn wir Sorgen haben, die für uns da sind, wenn wir krank sind, die Freude und Leid mit uns teilen. Und jeder von uns weiß, wie wenig selbstverständlich es ist, dass uns das erhalten bleibt. Deswegen befiehlt Georg Niege das alles dem Schutz Gottes an.
Und er bittet in Vers 5 darum, dass Gottes gute Mächte bei uns bleiben:

Dein Engel lass auch bleiben und weichen nicht von mir,
den Satan zu vertreiben, auf dass der bös Feind hier
in diesem Jammertal sein Tück an mir nicht übe,
Leib und Seel nicht betrübe und mich nicht bring zu Fall.

Georg Niege vertraut darauf, dass Gott Kräfte hat, über Boten verfügt, die uns gegen alles Böse zur Seite stehen können. Was solche Kräfte bedeuten können, wissen wir aus dem Gedicht, das Dietrich Bonhoeffer 1944 im Gefängnis geschrieben hat:

„Von guten Mächten treu und still umgeben, behütet und getröstet wunderbar, so will ich diese Tage mit euch leben und mit euch gehen in ein neues Jahr“. Er spürt diese Kraft Gottes an seiner Seite, und dazu gehören auch die guten Gedanken und Gebete seiner Lieben. Sie sind solche Engelkräfte, die ihn stärken, auch wenn weder Eltern noch Freunde bei ihm sein können.
Engel, das können auch Menschen sein, die uns die Wahrheit sagen, die uns von Bösem abhalten, die uns helfen, nicht nur an uns zu denken, sondern zu hören und zu spüren, wo wir von anderen gebraucht werden, und wo wir uns für Liebe und Gerechtigkeit einsetzen müssen. Ein solcher Bote in unserem Jahrhundert ist für mich Mahatma Gandhi. Er hat sich selbst überhaupt nicht als fehlerfrei und unanfechtbar angesehen, aber er hat doch aus seinem Glauben heraus weltweit ein Vorbild an Aufrichtigkeit und Selbstlosigkeit gegeben.
Er hat fünf Grundsätze für jeden Tag formuliert, die mich sehr beeindrucken und die für alle Menschen guten Willens ein Leitfaden sein können. Er hat sich vorgenommen:

„- Ich will bei der Wahrheit bleiben.
- Ich will mich keiner Ungerechtigkeit beugen.
- Ich will frei sein von Furcht.
- Ich will keine Gewalt anwenden.
- Ich will in jedem zuerst das Gute sehen.“

Unwahrheit, Ungerechtigkeit, Angst, Gewalt, Feindbilder - das sind die Versuchungen des Satans in unserer Zeit, gegen die uns Gottes Engel zur Seite stehen soll!

3. Der dritte Wunsch, den Georg Niege an Gott richtet, ist: **Begleite mich mit deinem Rat!**

Gott will ich lassen raten, denn er all Ding vermag.
Er segne meine Taten an diesem neuen Tag.
Ihm hab ich heimgestellt mein Leib, mein Seel, mein Leben
und was er sonst gegeben; er mach's, wie's ihm gefällt.

„Gott will ich lassen raten“ - das meint, dass wir alles, was wir tun, in das Licht des Willens Gottes stellen, dass wir uns fragen: Was würde Gott dazu sagen? Es heißt auch, dass wir mit Vertrauen und Gelassenheit den neuen Tag beginnen dürfen. Und dieses Vertrauen bekräftigt dann noch der letzte Vers:

Darauf so sprech ich Amen und zweifle nicht daran,
Gott wird es alls zusammen in Gnaden sehen an,
und streck nun aus mein Hand, greif an das Werk mit Freuden,
dazu mich Gott beschieden in meim Beruf und Stand.

Das ist ein schöner Abschluss, eine schöne Abrundung unseres Liedes. Aber vielleicht stolpert doch mancher unter uns über die letzten beiden Zeilen: Sicher, wer eine klare Aufgabe hat, die er gut bewältigen kann, wird diese Worte mit Georg Niege sprechen können. Aber für wie viele unter uns gibt es heute nicht mehr einen festen Beruf und Stand, so wie Georg Niege das voraussetzt: Wie viele werden heute plötzlich in die Arbeitslosigkeit hineingeworfen oder in Lebenssituationen, auf die sie gar nicht vorbereitet sind?!

Ich denke, wir müssen ganz neu lernen, dass wir eine Gemeinschaft von Menschen brauchen, in der jeder eine anerkannte Aufgabe hat - sei er jung oder alt -, und in der er sein Werk mit Freuden angreifen kann!

Ein Beispiel dafür ist mir die Initiative unserer Kirche „Mit Arbeitslosen teilen“, und es ist gut, dass sich so viele dafür einsetzen. Ein anderes Beispiel ist für mich die Zeitschrift „Straßenkreuzer“, die Ihnen sicher schon einmal im Bahnhof oder in der Innenstadt angeboten wurde. Sie wird mit kirchlicher Hilfe von Menschen in unserer Stadt herausgebracht, die in sozialer Not sind: Sie verfassen die Artikel, sie drucken sie, versehen sie mit Fotos und verkaufen sie in der Öffentlichkeit. Jeder, der sich eine solche Zeitschrift kauft, informiert sich nicht nur über die Lebensbedingungen derer, die es schwer in unserer Gesellschaft haben; er gibt auch denen, die diese Zeitschrift vorbereiten und verbreiten, Bestätigung und Anerkennung. Und wenn Sie sich vielleicht einmal Zeit für ein kleines Gespräch mit einem der Verkäufer oder Verkäuferinnen nehmen, dann merken Sie: Da ist jemand, der hat eine wichtige Aufgabe bekommen, für den beginnt der Tag nicht ohne Zweck und Ziel; der kann sein Werk wenn auch vielleicht nicht gleich mit Freuden, aber doch mit gutem Mut angehen.

Wir sollten uns klar machen, dass unsere Gemeinde und unsere Gemeinschaft von vielen Werken lebt, deren Wert nicht an der Höhe des Gehaltszettels hängt, sondern an dem, was sie an Verbindungen schaffen, an Erfüllung ermöglichen und an Freude bereiten.

Gottes Rat sollte unsere Fantasie in diesem weiten Aufgabenfeld immer neu beflügeln.

Und wir sollten uns von Gott raten lassen, mit dieser Blickrichtung den einen, den heutigen Tag ins Auge zu fassen, um ihn mit guten Vorsätzen und dem Vertrauen in Gottes Hilfe zu bestehen.

Amen.

ö

Freuet euch der schönen Erde

510

1

2 Und doch ist sie seiner Füße / reich geschmückter Schemel nur, / ist nur eine schön begabte, / wunderreiche Kreatur, / wunderreiche Kreatur.

3 Freuet euch an Mond und Sonne / und den Sternen allzumal, / wie sie wandeln, wie sie leuchten / über unserm Erdental, / über unserm Erdental.

4 Und doch sind sie nur Geschöpfe / von des höchsten Gottes Hand, / hingesät auf seines Thrones / weites, glänzendes Gewand, / weites, glänzendes Gewand.

5 Wenn am Schemel seiner Füße / und am Thron schon solcher Schein, / o was muß an seinem Herzen / erst für Glanz und Wonne sein, / erst für Glanz und Wonne sein.

Text: Philipp Spitta (1827) 1833
Melodie: Frieda Fronmüller 1928

Predigt am Sonntag, 16. Juli 2000,
in der Evangelisch-Lutherischen Auferstehungskirche
Nürnberg-Zerzabelshof über das Lied

Freuet euch der schönen Erde

von Philipp Spitta (1827/33)
EG 510

Liebe Gemeinde! Das Lied, das wir eben gesungen haben, ist ein Lied von der Freude: „Freuet euch der schönen Erde, denn sie ist wohl wert der Freud" und „Freuet euch an Mond und Sonne und den Sternen allzumal" - so beginnen die 1. und die 3. Strophe, und das ganze Lied ist erfüllt von einem frohen Vertrauen. Wir haben es für diesen sommerlichen Bläsergottesdienst ausgesucht, weil wir in dieser Jahreszeit die Schönheit der Erde besonders deutlich vor Augen haben.
Zu dem Text des Liedes passt die frohgemute, volksliedhafte Melodie, die Frieda Fronmüller komponiert hat. Sie nimmt uns mit hinein in das Betrachten und Staunen, zu dem uns der Liederdichter einlädt. Philipp Spitta war ein Dichter der lutherischen Erweckungsbewegung im 19. Jahrhundert. Unter dem Namen „Psalter und Harfe" hat er Liedersammlungen herausgegeben, die von einer schlichten, tiefen Frömmigkeit erfüllt sind. Sieben Lieder von ihm stehen in unserem Gesangbuch, darunter so schöne Lieder wie „O komm, du Geist der Wahrheit" - zum Pfingstfest - und „Es kennt der Herr die Seinen", über das wir hier schon einmal in einem Bläsergottesdienst gepredigt haben.
„Freuet euch der schönen Erde" – dieses Lied nimmt uns auf einen weiten Weg der Freude mit. Dieser Weg führt uns von der Betrachtung dessen, was wir sehen können, hin bis zum Thron Gottes, ja zum Herzen Gottes.
Man könnte fragen: Ist das nicht ein zu schönes, ein beschönigendes Bild, das hier gezeichnet wird? Das Bedrohliche im Leben, Not und Angst kommen überhaupt nicht vor, so als gäbe es sie nicht. Die Gefährdung unseres Lebens, ja die Gefährdung des Lebens auf der Erde überhaupt, der wir ausgesetzt sind, werden scheinbar übersprungen. Kann man heute wirklich nur so heiter von den Schönheiten singen?

Aus anderen Liedern Philipp Spittas und aus seinem eigenen Leben wissen wir, dass es ihm fern lag, das Leben einfach zu beschönigen. Aber er hat in diesem Lied bewusst einmal die Perspektive der Schönheit und der Freude gewählt, weil sie uns über dem täglichen Sorgen und Grämen oft zu leicht aus dem Blick gerät. Wir brauchen diese Perspektive, und wir brauchen den Blick über die Schönheit der Erde hinaus auf die Größe Gottes, um Lebensmut und Lebenskraft zu behalten, um wach und tatkräftig bleiben zu können, gerade auch, um dem Bösen und Bedrohlichen nicht zu unterliegen, sondern ihm entgegentreten zu können.
Philipp Spitta entfaltet das in drei Linien, die wir in unserem Lied beobachten können und die uns von Strophe zu Strophe weiterleiten:

1. Die Freude lebt vom Staunen
2. Die Freude führt zum Loben
3. Die Freude führt zum Lieben.

1. Die Freude lebt vom Staunen

1. Freuet euch der schönen Erde, denn sie ist wohl wert der Freud.
O was hat für Herrlichkeiten unser Gott da ausgestreut.

Ich denke, es ist ganz wichtig, dass wir immer wieder lernen, uns an der Erde zu freuen: So besonders, so einzigartig ist sie im ganzen großen und weiten Weltall. Neu haben uns das in den vergangenen Jahrzehnten die Astronauten gezeigt, die allesamt in Staunen und Entzücken geraten sind, wenn sie aus dem Weltall die Erde in Augenschein nehmen konnten. Der amerikanische Astronaut Mitchell schreibt über dieses Erlebnis:
„Plötzlich taucht hinter dem Rande des Mondes in langen, zeitlupenartigen Momenten von grenzenloser Majestät ein funkelndes blauweißes Juwel auf, eine helle, zarte, himmelblaue Kugel, umkränzt von langsam wirbelnden weißen Schleiern. Allmählich steigt sie wie eine kleine Perle aus einem tiefen Meer hervor, unergründlich und geheimnisvoll. Es braucht mehr als einen Augenblick, bis

du tatsächlich begreifst, dass es die Erde ist ..." (nach: B. Vrijdaghs: Liebeserklärung an die Erde. Forum Religion 2/1996, 4-11, 5).
Die Erde als ein einzig schöner Planet, die Erde als ein Schatz, den man bewahren, lieben muss - das spricht uns in dieser wunderbaren Beschreibung unmittelbar an. Aber auch, wenn wir von dieser Außensicht, in der man die Erde als ganze erblicken kann, auf die Erde selbst herabsteigen, können wir, wenn wir genau hinschauen, kaum aufhören, die Herrlichkeiten zu beschreiben, die Gott da ausgestreut hat. James Krüss hat es in einem Gedicht einmal so ausgedrückt:
„Ich weiß einen Stern gar wundersam,
darauf man lachen und weinen kann,
mit Städten, voll von tausend Dingen,
mit Wäldern, darinnen die Vögel singen.
Ich weiß einen Stern, drauf Blumen blühn,
drauf herrliche Schiffe durch Meere ziehn.
Er trägt uns, er nährt uns, wir haben ihn gern.
Erde, so heißt unser lieber Stern."

Dieses Gedicht zeigt uns: Die Herrlichkeiten haben wir in Tieren und Pflanzen, in Häusern und Schiffen; zu den Herrlichkeiten gehört aber auch besonders, dass wir auf dieser Erde miteinander leben können, dass Raum ist für Lachen und Weinen, für Reden und Schweigen, für Singen und Tanzen.
Was hier nicht zu den Herrlichkeiten gerechnet wird, ist, was der Einzelne hat, was er besitzt - oder gar, wie hoch sein Einkommen ist. Die eigentlichen Schönheiten der Erde sind alle da, ohne dass wir sie verdient haben. Ein alter Freund von uns in Italien, der selbst bescheiden in einem kleinen Häuschen von einer kleinen Rente lebte, hat das einmal so ausgedrückt: „Ich bin der reichste Mann der Welt. Mir gehören der Himmel, die Luft, der See, die Berge und die Wälder!" ...
In unserem Lied werden die Gedanken aber nun noch weiter geführt, über all die Herrlichkeiten hinaus, die wir auf der Erde sehen und beschreiben können, wenn es in der 2. Strophe heißt:

2. Und doch ist sie seiner Füße reich geschmückter Schemel nur,
ist nur eine schön begabte, wunderreiche Kreatur.

Wir werden hier eingeladen, über den Reichtum, über das Wunderbare hinauszublicken, was uns auf der Erde begegnet. Denn woher haben wir das alles? Wir haben es doch nicht selbst geschaffen. Es ist uns geschenkt, es ist uns anvertraut. Hier kommt das Zweite zur Geltung:

2. Die Freude führt zum Loben

Wenn dies alles, was wir sehen, so großartig ist, wie viel größer muss der sein, der uns das bereitet, der das alles geschaffen hat.
Philipp Spitta spricht hier von dem reich geschmückten Schemel, auf dem Gottes Füße ruhn. Das ist natürlich bildlich gemeint. Es ist ein Bild für die unendlich größere Wirklichkeit Gottes, die wir letztlich nicht fassen, nicht begreifen können. Wir können sie nicht in Worten ausdrücken, wir können sie nur loben. Im Islam weiß man das ebenso wie im Christentum, wenn dort der Muezzin zum Gebet einlädt und ruft: „Allahu akbar“: „Gott ist groß“. Eigentlich müsste man das wiedergeben mit: „Gott ist größer“. „Gott ist größer“ in einem unendlichen Komparativ, einer unendlichen Steigerungsform: Er ist größer als alles, was wir denken, tun, uns vorstellen und begreifen können.
Gott als Schöpfer anerkennen, ihn als Geber der guten Gaben zu loben: Das muss uns forttreiben von jedem Egoismus, von jeder falschen Ausbeutung der Lebensgrundlagen auf der Erde, von jedem Besitzdenken, das uns die anderen und besonders die Armen auf der Erde vergessen lässt.

In der 3. Strophe werden wir dann neu zur Freude aufgerufen:

3. Freuet euch an Mond und Sonne und den Sternen allzumal,
wie sie wandeln, wie sie leuchten über unserm Erdental.

Hier wird unser Blick nach oben gelenkt, zu den Gestirnen, die uns

Tag und Nacht den Weg weisen, die uns den Tages- und Jahresrhythmus angeben - mit Helligkeit und Dunkelheit, mit Wärme und Kälte, mit Sommer und Winter. Wie sehr wir vom Licht und der Wärme der Sonne leben, wurde uns allen im letzten Jahr klar, als es bei der Sonnenfinsternis auf einmal mitten am Tag Nacht wurde, Kälte und Dunkelheit einbrach - glücklicherweise nur für weniger Minuten. Und was wären unsere Nächte, wenn es in ihnen nicht immer wieder das freundliche, sanfte Leuchten des Mondes gäbe und das Funkeln der Sterne. Matthias Claudius besingt es einzigartig in seinem Abendlied, das wir alle kennen: *„Der Mond ist aufgegangen, die goldnen Sternlein prangen am Himmel hell und klar. Der Wald steht schwarz und schweiget und aus den Wiesen steiget der weiße Nebel wunderbar.“*

Und wieder wird unser Blick in der nächsten Strophe weitergelenkt zu dem, von dem das alles herkommt:

4. Und doch sind sie nur Geschöpfe von des höchsten Gottes Hand, hingesät auf seines Thrones weites glänzendes Gewand.

Das ist ein sehr kühnes Bild: Der Mond und die Sterne, von deren unendlicher Weite man auch schon zu Zeiten von Philipp Spitta wusste, werden als Geschöpfe gesehen, ausgestreut und hingesät auf das weite Gewand des Thrones Gottes - wie der Same, der auf ein Feld gesät wird!

Aber auch dieses Bild hilft uns wieder, das „wie viel mehr“, das „wie viel größer“ Gottes in unser Bewusstsein zu holen. Die Größe des Weltalls, die Lichtjahre zu den fernen Sternen sollen uns aufmerksam machen auf das große Wunder, das uns jeder klare Nachthimmel zeigt. Und je weiter die Forschung vordringt, je mehr wir sehen und erfahren über diesen Kosmos, der unser Vorstellungsvermögen übersteigt, desto größer müsste unser Staunen werden über alles, was wir da wahrnehmen und entdecken können, ohne dass wir es gemacht haben und bewegen können. Der deutsche Raketenforscher Wernher von Braun hat einmal gesagt: „...ich glaube, es ist im Zeitalter der Weltraumfahrt dringend nötig geworden, Gott als einen weit größeren und mächtigeren Schöpfer und Herrn anzuerkennen, als ihn viele von uns bisher gesehen haben“ (aus: Hoffnung für heute und morgen, hg. v. G. Kiefel, Gladbeck 1969, 51).

Aber auch diese Weite und Größe wird in unserem Lied noch einmal überschritten. Sie wird hingeführt zur Mitte und zum Kern dessen, was unseren Glauben an Gott und unser Vertrauen in ihn ausmacht. Die 5. Strophe ist der Höhepunkt und das Ziel des ganzen Liedes, wenn es in ihr heißt:

5. *Wenn am Schemel seiner Füße und am Thron schon solcher Schein,*
o was muss an seinem Herzen erst für Glanz und Wonne sein.

So unendlich, so unbegreiflich Gott ist: Wir dürfen wissen, dass er sich aus seiner Größe uns zuwendet; er zeigt uns, dass er ein Herz für uns hat.
Was aber ist das Herz Gottes? Können wir es uns vorstellen? Können wir ein Bild von ihm haben?
Das Herz Gottes - so erzählt es uns die Bibel - ist ein Kind im Stall, ist der Freund der Armen und Schwachen, ist der Lehrer und der Bringer der guten Nachricht von der Liebe und Nähe Gottes. In Jesus Christus schenkt Gott uns sein Herz; in ihm kommt er an unsere Seite, wird er unser Bruder; in ihm leidet er für uns und mit uns; in ihm durchbricht er die Macht der Sünde und des Todes. Der, der das Geheimnis der Welt ist, dem die Sternenbahnen gehorchen müssen, ist in Jesus Mensch geworden; er zeigt uns, dass Gott in all seiner Größe bei jedem von uns sein will, in unserem ganz begrenzten Leben, dass er uns die Richtung geben, dass er uns beistehen will. Über all der Freude an der Erde, über all der Freude an Sonne, Mond und Sternen, ist das für uns die zentrale, die einzigartige Freude, die uns aus unserem Glauben erwachsen kann. Hier gilt das Dritte:

3. Die Freude führt zum Lieben

Wenn ich erfahren darf, dass ich nicht allein bin, dass ich vor Gott unendlich viel wert bin, dass er mir sein Herz schenkt, dann führt mich das an der Seite Jesu dorthin, wo meine Liebe und Zuwendung gebraucht wird und wo ich meine Begabung für andere einsetzen kann: wenn ich bete für die, die in Dunkelheit und Schatten des Todes wohnen, wenn ich mir Zeit nehme für die, die mein gutes Wort und meinen freundlichen Blick brauchen, wenn ich mein Geld einsetze für die, die Unterstützung nötig haben, um ein eigenständiges Leben aufbauen zu können, wenn ich die tröste, die ängstlich und die traurig sind, wenn ich die aufmuntere, die niedergeschlagen sind, wenn ich bei denen um Offenheit und Verständnis werbe, die aus Angst oder Egoismus Grenzen zwischen den Menschen aufrichten.
Diese Liebe kann uns manchmal aufleuchten, wo wir es gar nicht erwarten, auch bei Menschen anderer Kultur und anderen Glaubens, die uns doch aber etwas von dem Herzen Gottes sichtbar machen. Ein Beispiel dafür erfuhr ich bei der letzten Weltversammlung der Weltkonferenz der Religionen für den Frieden in Amman in Jordanien, wohin auch eine interreligiöse Delegation aus dem vom Bürgerkrieg geschüttelten Sierra Leone in Westafrika gekommen war. Als der katholische Erzbischof Josef Ganda gefragt wurde, ob er ein Beispiel für die Nähe Gottes nennen könnte, das ihm in all den schrecklichen Auseinandersetzungen begegnet sein, sagte er: „Ja, das war, als ich selbst von den Rebellen entführt wurde, und dann, als ich freigelassen wurde, erfuhr, dass in allen Moscheen des Landes für mich gebetet worden war, weil auch die Muslime von dem Glauben und der Liebe wussten, die Gott mir geschenkt hat.“
Ich wünsche uns, dass wir alle in ähnlicher Weise immer wieder der Größe Gottes begegnen, dass wir über sie staunen, dass wir sie loben - und dass sie uns hinführt zum Lieben.

Amen.

Laudato si

515

Der Kehrvers wird nach jeder Strophe wiederholt. Er kann gleichzeitig mit den Strophen gesungen werden. Einsatz bei dem Zeichen ↓.

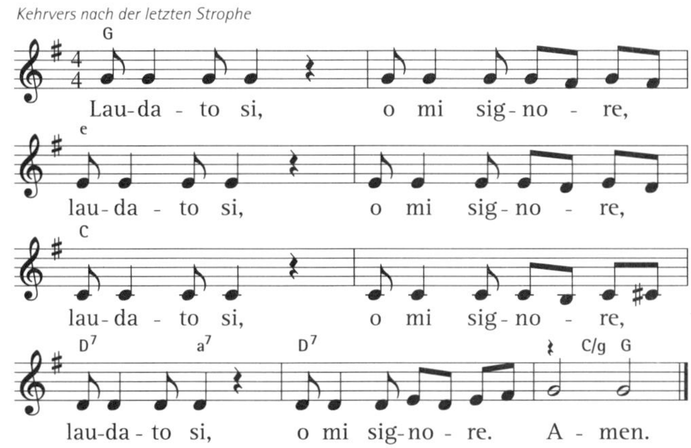

Text: nach dem italienischen Sonnengesang des Franz von Assisi 1225
Melodie: mündlich überliefert

Sei gepriesen für Licht und Dunkelheiten! / Sei gepriesen für Nächte und für Tage! / Sei gepriesen für Jahre und Gezeiten! / Sei gepriesen, denn du bist wunderbar, Herr! 2

Sei gepriesen für Wolken, Wind und Regen! / Sei gepriesen, du läßt die Quellen springen! / Sei gepriesen, du läßt die Felder reifen! / Sei gepriesen, denn du bist wunderbar, Herr! 3

Sei gepriesen für deine hohen Berge! / Sei gepriesen für Feld und Wald und Täler! / Sei gepriesen für deiner Bäume Schatten! / Sei gepriesen, denn du bist wunderbar, Herr! 4

Sei gepriesen, du läßt die Vögel singen! / Sei gepriesen, du läßt die Fische spielen! / Sei gepriesen für alle deine Tiere! / Sei gepriesen, denn du bist wunderbar, Herr! 5

Sei gepriesen, denn du, Herr, schufst den Menschen! / Sei gepriesen, er ist dein Bild der Liebe! / Sei gepriesen für jedes Volk der Erde! / Sei gepriesen, denn du bist wunderbar, Herr! 6

Sei gepriesen, du selbst bist Mensch geworden! / Sei gepriesen für Jesus, unsern Bruder! / Sei gepriesen, wir tragen seinen Namen! / Sei gepriesen, denn du bist wunderbar, Herr! 7

Sei gepriesen, er hat zu uns gesprochen! / Sei gepriesen, er ist für uns gestorben! / Sei gepriesen, er ist vom Tod erstanden! / Sei gepriesen, denn du bist wunderbar, Herr! 8

Sei gepriesen, o Herr, für Tod und Leben! / Sei gepriesen, du öffnest uns die Zukunft! / Sei gepriesen, in Ewigkeit gepriesen! / Sei gepriesen, denn du bist wunderbar, Herr! 9

Predigt am Sonntag, 16. Juni 2002,
in der Evangelisch-Lutherischen Auferstehungskirche
Nürnberg-Zerzabelshof über das Lied

Laudato si

nach dem Sonnengesang des Franz von Assisi (1225)
EG 515

Liebe Gemeinde! Wenn das nicht eine schwungvolle Melodie ist, die wir eben gesungen und musiziert haben - und ein Rhythmus, der einem in den Ohren bleibt:
„Laudato si, o mi signore“ - viermal nacheinander folgt es bei jeder Strophe, und dann noch einmal auf Deutsch: „Sei gepriesen“, auch viermal in jedem Vers. Das Lob Gottes kann hier offenbar nicht oft genug erklingen, einfach, elementar und lebendig!
Es ist kein kunstvoll komponiertes Lied. Die Melodie ist vielmehr - wie es unter unserem Text heißt - „mündlich überliefert“. Früher wäre das ein Volkslied gewesen, und wie bei manchen Volksliedern könnte man danach tanzen.
Der Text aber, auf den das Lied zurückgeht, ist alt: 1225 wurde er gedichtet, vor fast 800 Jahren!
Noch erstaunlicher ist, von wem der Text stammt und in welcher Umgebung er verfasst wurde.
Es ist der Sonnengesang des Franz von Assisi, des großen Heiligen des Mittelalters.
Will man die Geschichte von Franz erzählen, so könnte man sie unter die Überschrift stellen: „Der reiche Kaufmannssohn, der ein Bettler wurde“. Geboren wurde Franz in der italienischen Stadt Assisi. Sein Vater unternahm oft Geschäftsreisen nach Frankreich - und deshalb nannte er seinen Sohn Francesco, d. h. den kleinen Franz.
Franz liebte das reiche Leben: immer bestens gekleidet, mit erlesenstem Essen; er feierte und zechte gern, unter gleich gesinnten Freunden. Sie liebten seine Freigebigkeit, seinen Witz und Humor.
Und dann wollte Franz Ritter sein: in bester Ausrüstung, mit Helm und Schild, erfolgreich im Kampf.
Aber von einem Feldzug kam er vorzeitig zurück. Er verwandelte

sich Schritt für Schritt. Nichts wollte er mehr wissen von seinem Reichtum, von Kampf und Ritterschaft, von Ruhm und Sieg. Seine vornehmen Kleider legte er ab, von seinem reichen Erbe nahm er Abschied, das Feiern mit den Freunden hatte ein Ende. Sein Vater war empört. Aber Franz ließ sich nicht beirren. Er war Jesus Christus begegnet. Er wollte so arm leben wie er, an der Seite der Kranken und Schwachen. In einer Zeit, in der die Kirche Reichtum und Pracht ausstrahlte, bat er den mächtigen Papst Innozenz III., der Kirche in Armut dienen zu dürfen. Gott hatte sein Leben ergriffen und umgekrempelt. Und dann schlossen sich ihm Gleichgesinnte an, und ihr Leben in Armut wurde zu einer großen Bewegung, die immer mehr Menschen ergriff.

Was Franz aber anstelle des Reichtums gewonnen hat, davon singt unser Lied. Franz war schon krank und schwach, als er es dichtete - zwei Jahre vor seinem Tod. Fast blind lebte er in einer einfachen Strohhütte.

Aber da überkommt ihn noch einmal das große Staunen über die Größe Gottes und das Werk Gottes, das er nun mit wunderbaren Worten besingt:

1. Sei gepriesen, du hast die Welt geschaffen,
sei gepriesen für Sonne, Mond und Sterne,
sei gepriesen für Meer und Kontinente,
sei gepriesen, denn du bist wunderbar, Herr!

Franz beginnt, Gott für seine Schöpfung zu loben und zu preisen, und das füllt die ersten fünf Strophen aus, die wir eben schon gesungen haben. Aber damit ist sein Lob nicht zu Ende, sondern es steigert sich in einem zweiten Schritt, wenn Franz an Gottes größtes Werk denkt, dass Gott nämlich in Jesus Christus selbst Mensch geworden ist. Und als drittes kann Franz Gott sogar für den Tod preisen, der ihn erwartet, und für das Leben, das danach kommt.

Franz beginnt sein Lob der Schöpfung mit dem Weltall - mit Sonne, Mond und Sternen, mit den Lichtern am Himmel, die uns geschenkt sind. Er kann Sonne und Mond Schwester und Bruder nennen -

die Sonne, weil sie ihm leuchtet, schön und strahlend mit großem Glanz, den Mond und die Sterne, die Gott am Himmel gebildet hat, hell, köstlich und schön. Alles, was er sieht, strahlt etwas aus von der Schönheit und Größe Gottes. Und die Pracht, die Franziskus sieht, gilt nicht für einen Menschen allein, auch nicht nur für ein Volk oder eine Religion. Sie gilt für alle Menschen.

Ahmed El Banna, unser verstorbener muslimischer Freund, hat das an dem Mond deutlich gemacht, der ja ein Symbol des Islam ist. In einer unserer Gebetsstunden hat er gesagt:

„Wir Moslems - wenn wir den Mond in seiner herrlichen Pracht ansehen - beten zu dem, der den Mond geschaffen hat, nämlich zu dem allmächtigen Gott. Gepriesen bist Du, der uns das Licht im Dunkel geschenkt hat.“ Und er sagte weiter: „Ich frage mich: Wenn der Mond sein Licht auf die Erde strahlt, ist dieses Licht nur für die Moslems? Mein Inneres gibt mir die Antwort. Der Mond scheint für uns alle, für Moslems, Christen, Juden und auf alle Menschen. ... Möge unser Symbol als ein Zeichen von Gott für alle Menschen verstanden werden.“

Ich denke, im Sinne von Franziskus müssten wir als Christen ebenso sagen, dass Sonne, Mond und Sterne nicht nur für uns leuchten, sondern dass Gott sie allen Menschen schenkt.

Als nächstes kommt Franziskus auf das zu sprechen, was unser Leben und unsere Zeit einteilt:

2. Sei gepriesen für Licht und Dunkelheiten!
Sei gepriesen für Nächte und für Tage!
Sei gepriesen für Jahre und Gezeiten!
Sei gepriesen, denn du bist wunderbar, Herr!

Franziskus preist Gott für Dinge, die wir oft wie selbstverständlich nehmen: dass wir den Wechsel von Licht und Dunkel erleben, den Wechsel von Tag und Nacht, den Lauf der Jahre und der Jahreszeiten. Dabei sollten wir eigentlich wissen, wie sehr wir alle abhängen von dem sensiblen Gleichgewicht, dass wir regelmäßig mit diesem Rhythmus auf unserer Erde rechnen können: Wenn es nicht das

Ausruhen der Erde in der Nacht gäbe, wenn es nicht das Licht für den Tag gäbe, wenn es nicht den Wechsel von Sommer und Winter gäbe, könnte das Leben auf der Erde überhaupt nicht so sein, wie es ist. Je mehr wir wissen, wie das eine vom anderen abhängt; je tiefer wir eindringen in die Geheimnisse des Lebens auf unserer Erde, desto mehr müssen wir staunen über all die Wunder, die sich darin verbergen - Wunder, die nicht wir gemacht haben, sondern die uns geschenkt sind und die uns einladen, auf den zu blicken und den zu preisen, der als das Geheimnis der Welt hinter allem steht.

Danach wendet sich Franziskus in seinem Hymnus den Elementen zu: der Luft, dem Wasser, dem Feuer und der Erde. Das alles ist ihm Bruder und Schwester, von all dem ist er umgeben; all das kann er bestaunen. Im Original-Hymnus heißt es:
„Gelobt seist Du, Herr, für Bruder Wind und für Luft und Wolke und Himmelsblau und jedwedes Wetter, wodurch Du Deine Geschöpfe erhältst.“ Dabei muss ich an den Großvater meiner Frau denken, für den auch jedes Wetter letztlich notwendig und gut war und der sagen konnte: „Es gibt kein schlechtes Wetter; es gibt nur falsche Kleidung!“ – In unserem Lied wird das aufgenommen, wenn jetzt alles gepriesen wird, was die Natur hervorbringt:

> *3. Sei gepriesen für Wolken, Wind und Regen!*
> *Sei gepriesen, du lässt die Quellen springen!*
> *Sei gepriesen, du lässt die Felder reifen!*
> *Sei gepriesen, denn du bist wunderbar, Herr!*

Und weiter in Vers 4:

> *4. Sei gepriesen für deine hohen Berge!*
> *Sei gepriesen für Feld und Wald und Täler!*
> *Sei gepriesen für deiner Bäume Schatten!*
> *Sei gepriesen, denn du bist wunderbar, Herr!*

Was ist uns nicht alles geschenkt, ohne dass wir es gemacht haben! Machen wir unsere Augen wirklich auf für die Schönheit, die uns

umgibt? Ich muss es mir manchmal ins Bewusstsein holen, wenn mich die Sorgen umtreiben, was ich alles zu tun habe, wenn ich mich sorge um alles, was ich habe und besitze, und darüber grüble, ob ich genug versichert und abgesichert bin. Der Lobpreis des Franziskus will uns herausreißen daraus, dass wir nur um uns selbst kreisen, dass unser Kopf wie eine Fabrik ist, in der sich ein sorgenvoller Gedanke um den anderen dreht. Er lädt uns ein, uns als Teil von Gottes guter Schöpfung zu sehen und wahrzunehmen, umgeben von so viel Großartigem.
Dazu hilft ihm auch der Blick in die Tierwelt:

5. Sei gepriesen, du lässt die Vögel singen!
Sei gepriesen, du lässt die Fische spielen!
Sei gepriesen für alle deine Tiere!
Sei gepriesen, denn du bist wunderbar, Herr!

Es gibt viele Geschichten von Franziskus und den Tieren: Der Hase, den er aus der Schlinge errettet hat, birgt sich in seinem Schoß. Der kleine Wasservogel kuschelt sich ihm in die Hand wie in sein Nest. Der gefangene Fisch, den Franziskus wieder ins Wasser gleiten lässt, weicht nicht vom Schiff, bis Franziskus ihn ausdrücklich fortschickt. Am bekanntesten wohl ist die Erzählung von der Vogelpredigt: Tauben, Elstern, Krähen halten still und fliegen nicht davon, als Franziskus sich ihnen nähert und sie zum Lob des Schöpfers auffordert. Sie zeigen ihre Freude, indem sie die Hälse recken, die Schnäbel aufsperren und zu Franziskus aufblicken. Sicher, manches, was hier erzählt wird, mag noch nachträglich ausgeschmückt sein. Aber was will es uns sagen? Dass hier ein Mensch nicht als Ausbeuter und bloßer Nutznießer unter die Tiere tritt, sondern als ein fürsorglicher Bruder. Ich denke, dieses Bild brauchen wir wieder ganz neu in einer Zeit, die neben viel Liebe zu Tieren, besonders zu Haustieren, und neben viel bäuerlicher Mühe um artgerechte Haltung auch die Tierskandale kennt: Eingezwängtsein, fabrikmäßige Ausnutzung, schädliche Fütterung, unerträgliche Tiertransporte. Wir merken oft zu spät: Der Lebensraum, der Tieren genommen wird, fehlt schließlich auch den Menschen. Und umgekehrt: Wo Lebensraum für Tiere geschaffen wird, wird auch das Leben der Menschen reicher!

Auf den Menschen als das letzte Werk der Schöpfung richtet Franz von Assisi jetzt auch seinen Blick:

6. Sei gepriesen, denn du, Herr, schufst den Menschen!
Sei gepriesen, er ist dein Bild der Liebe!
Sei gepriesen für jedes Volk der Erde!
Sei gepriesen, denn du bist wunderbar, Herr!

Franz sagt das Schönste aus, was über den Menschen gesagt werden kann: dass er nämlich ein Bild der Liebe ist, und er kann das Bild der Liebe in Menschen finden, die es in jedem Volk der Erde gibt. Da gibt es kein besseres und kein schlechteres Volk. Da liebt Gott nicht ein Volk mehr und ein Volk weniger.
Wir wissen leider, wie oft Menschen eher ein Bild des Hasses und der Verachtung abgeben als ein Bild der Liebe, wie sie sich mit Streit und Krieg überziehen, statt sich einander zuzuwenden und gegenseitig beizustehen.
Die Bestimmung des Menschen aber - das will Franziskus sagen - ist eine andere: wenn er Bild Gottes ist, dann ist er dazu gemacht, ein Bild seiner Liebe zu sein.
Am deutlichsten sagt es das Gebet, das Franz von Assisi zugeschrieben wurde. Auch wenn es erst im letzten Jahrhundert in der Normandie entstanden ist, so atmet es doch ganz den Geist des Franziskus:
„O Herr, mach mich zum Werkzeug deines Friedens, dass ich Liebe übe, wo man sich hasst, dass ich verzeihe, wo man sich beleidigt, dass ich verbinde, da, wo Streit ist, dass ich Wahrheit sage, wo der Irrtum herrscht, dass ich Glaube bringe, wo der Zweifel drückt, dass ich Hoffnung wecke, wo Verzweiflung quält, dass ich ein Licht anzünde, wo die Finsternis regiert, dass ich Freude mache, wo der Kummer wohnt ...“

Woher aber können wir die Kraft gewinnen, zum Bild der Liebe

Gottes zu werden? Wir können sie von dem her gewinnen, der an der Seite von uns Menschen ganz die Liebe Gottes gelebt hat. Das schildern die 7. und 8. Strophe unseres Liedes:

7. Sei gepriesen, du selbst bist Mensch geworden!
Sei gepriesen für Jesus, unsern Bruder!
Sei gepriesen, wir tragen seinen Namen!
Sei gepriesen, denn du bist wunderbar, Herr!

8. Sei gepriesen, er hat zu uns gesprochen!
Sei gepriesen, er ist für uns gestorben!
Sei gepriesen, er ist vom Tod erstanden!
Sei gepriesen, denn du bist wunderbar, Herr!

Wir können Franziskus nicht verstehen, wenn wir nicht bedenken, wie sehr er sich in Jesus hinein versenkt hat, wie er seinem Weg nachgegangen ist: wenn er den Leprakranken umarmt, von dem er sich als Jüngling noch entsetzt abgewandt hatte, wenn er anderen hilft, ohne einen Lohn zu erwarten, wenn er predigt und zur Umkehr aufruft und damit friedlich bis hin zum muslimischen Sultan vordringt. Jesus hat für ihn gelebt; aber Jesus hat ihm auch vorgelebt, was er neu zu leben versucht. Jesus ist „unser Bruder" im tiefsten Sinne des Wortes: an unserer Seite hat er gelebt, hat er gelitten, ist in die größte Ausweglosigkeit des Kreuzestodes hineingegangen. Aber der Tod konnte ihn nicht halten: „Sei gepriesen, er ist vom Tod erstanden!" Dieser Aufruf ist der Höhepunkt des ganzen Sonnengesanges. Jesus bietet das Licht und das Leben, das die Sonne überstrahlt und das in das Herz eines jeden Menschen dringen will.

Selbst der Tod hat da seinen Schrecken verloren, ja er kann in den Lobpreis des Franziskus aufgenommen werden:

9. Sei gepriesen, o Herr, für Tod und Leben!
Sei gepriesen, du öffnest uns die Zukunft!
Sei gepriesen, in Ewigkeit gepriesen!
Sei gepriesen, denn du bist wunderbar, Herr!

Der Tod ist hier kein Riegel, der alles verschließt. Er ist auch keine dunkle Höhle, in der alles hoffnungslos endet. Der Tod ist vielmehr ein Tor zu der eigentlichen Zukunft, zu dem Reich Gottes, wo Gott abwischen wird alle Tränen und wo kein Leid und Geschrei mehr sein wird. Deshalb kann Franziskus auch vom Tod als seinem Bruder sprechen; er braucht ihn nicht zu verdrängen und zu verschweigen, wie es unter uns so oft geschieht; und es heißt im ursprünglichen Wortlaut: „Gelobt seist du, mein Gott, durch meinen Bruder, den leiblichen Tod“ - und wir waren sehr bewegt, als wir diese Worte kürzlich auf der Todesanzeige einer Freundin fanden, die durch eine lange schwere Zeit des Leidens und der Schmerzen gegangen war und doch in einem Hospiz immer liebevoll begleitet worden war.
Keiner von uns weiß, wie ihn die Todesstunde ereilen wird; dass der Gedanke daran uns ängstigen und bedrängen kann, ist nur zu begreiflich; wir brauchen es nicht zu verschweigen. Und doch macht das die Größe unseres Glaubens aus, dass wir uns gesagt sein lassen dürfen, dass die Dunkelheit und Verlassenheit des Todes von unserem Gott her nicht das Letzte sind.
Dietrich Bonhoeffer hat den Tod unter die „Stationen auf dem Wege zur Freiheit“ gerechnet. Sein sehr bewegender Text über den Tod, den ich uns am Schluss weitergeben möchte, ist wie eine Auslegung der letzten Strophe unseres Liedes. Er hat ihn am 21. Juli 1944 geschrieben, an dem Tag also, an dem er die Nachricht von dem gescheiterten Attentat auf Adolf Hitler erhielt und damit auch wusste, wie gefährdet sein eigenes Leben und das Leben seiner Freunde war.
Er schreibt:

Tod,

Komm nun, höchstes Fest auf dem Wege zur Freiheit,
Tod, leg nieder beschwerliche Ketten und Mauern
unsres vergänglichen Leibes und unserer verblendeten Seele,
dass wir endlich erblicken, was hier uns zu sehen missgönnt war.
Freiheit, dich suchten wir lange in Zucht und in Tat und in Leiden.
Sterbend erkennen wir nun im Angesicht Gottes dich selbst.

Der Arzt, der 11 Monate später das Sterben Bonhoeffers miterlebte, konnte sagen, er habe noch nie einen Menschen so gottergeben sterben sehen wie Dietrich Bonhoeffer.

Es ist die Größe des Sonnengesanges von Franz von Assisi, dass er diesen weiten Bogen umschließt: vom Staunen und Lobpreis von Sonne, Mond und Sterne über die ganze Weite der Schöpfung, über Gottes Zu-uns-Kommen in Jesus als unserem Bruder bis hin zu Tod und neuem Leben. Lasst uns die Bilder, die er uns zeigt, in uns aufnehmen und mitnehmen in unseren Alltag, damit wir immer wieder in ihm hinaus schauen können in die Weite der Liebe Gottes, die keinen von uns ausschließen will.

Amen.

(ö)

Du meine Seele, singe

Psalm 146

302

1

2 Wohl dem, der einzig schauet / nach Jakobs Gott und Heil! / Wer dem sich anvertrauet, / der hat das beste Teil, / das höchste Gut erlesen, / den schönsten Schatz geliebt; / sein Herz und ganzes Wesen / bleibt ewig unbetrübt.

3 Hier sind die starken Kräfte, / die unerschöpfte Macht; / das weisen die Geschäfte, / die seine Hand gemacht: / der Himmel und die Erde / mit ihrem ganzen Heer, / der Fisch unzähl'ge Herde / im großen wilden Meer.

4 Hier sind die treuen Sinnen, / die niemand Unrecht tun, / all denen Gutes gönnen, / die in der Treu beruhn. / Gott hält sein Wort mit Freuden, / und was er spricht, geschicht; / und wer Gewalt muß leiden, / den schützt er im Gericht.

5 Er weiß viel tausend Weisen, / zu retten aus dem Tod, / ernährt und gibet Speisen / zur Zeit der Hungersnot, / macht schöne rote Wangen / oft bei geringem Mahl; / und die da sind gefangen, / die reißt er aus der Qual.

6 Er ist das Licht der Blinden, / erleuchtet ihr Gesicht, / und die sich schwach befinden, / die stellt er aufgericht'. / Er liebet alle Frommen, / und die ihm günstig sind, / die finden, wenn sie kommen, / an ihm den besten Freund.

7 Er ist der Fremden Hütte, / die Waisen nimmt er an, / erfüllt der Witwen Bitte, / wird selbst ihr Trost und Mann. / Die aber, die ihn hassen, / bezahlet er mit Grimm, / ihr Haus und wo sie saßen, / das wirft er um und um.

8 Ach ich bin viel zu wenig, / zu rühmen seinen Ruhm; / der Herr allein ist König, / ich eine welke Blum. / Jedoch weil ich gehöre / gen Zion in sein Zelt, / ist's billig, daß ich mehre / sein Lob vor aller Welt.

Text: Paul Gerhardt 1653
Melodie: Johann Georg Ebeling 1666

Predigt beim Kirchenchorjubiläum/Bläsergottesdienst
am Sonntag, 31. Oktober 2004 (Reformationsfest)
in der Evangelisch-Lutherischen Auferstehungskirche
Nürnberg-Zerzabelshof über das Lied

Du meine Seele, singe

von Paul Gerhardt (nach Psalm 146)
EG 302

Liebe Kirchenchorjubilare, liebe Bläser, liebe Gemeinde, liebe Gäste! „Du meine Seele, singe ...“ - Kann man sich ein schöneres Lied für ein Kirchenchorjubiläum denken? - Eine Aufforderung zum Singen, ein Aufruf, Gott zu preisen, und das ein Leben lang! Die Melodie schwingt sich auf, sie ermutigt und ermuntert. Und wer konnte das schöner in Töne setzen als unsere verehrte Kirchenmusikdirektorin Frieda Fronmüller, die ja lange noch als Pensionärin in unserer Gemeinde gelebt hat. Sie lässt den Chor jubeln, sie lässt Trompeten, Posaunen, Hörner und Tuba den Gesang tragen, sie lässt die Gemeinde einstimmen. Und wenn dann noch die Oberstimme dazu kommt, dann erleben wir wirklich eine himmlische Klangfülle.

Dabei kommt zu unserem Kirchenchorjubiläum ja noch weiteres hinzu: Wir feiern heute das Reformationsfest, wir gestalten einen Chor- und Bläsergottesdienst, und wir haben eine ökumenische und interreligiöse Einladung ausgesprochen.

Für die Reformation und für die evangelische Kirche überhaupt spielt Singen, spielt die Musik eine ganz wichtige Rolle. Martin Luther als unser Reformator war nicht nur hochmusikalisch, er dichtete viele Kirchenlieder und komponierte Melodien dazu, er brachte die Gemeinden zum Singen und ließ so die befreiende Botschaft des Evangeliums in die Herzen hinein fließen.

Er selbst konnte einmal sagen: „Ich wünschte gewiss von Herzen, dass jeder die göttliche und vortreffliche Gabe der Musik lobte und priese. Ich werde von der Menge und Größe ihrer guten Eigenschaften so überschüttet, dass ich weder Anfang, Ende noch Maß meiner Rede finden kann.“ (Praefatio zu den Symphoniae incundae, 1538, WA 50, 368-374, 368)

Paul Gerhardt, der Dichter unseres Liedes, hat dieses Wort Martin Luthers ernst genommen. Er ist in der Nachfolge Luthers der bedeutendste Liederdichter der evangelischen Kirche geworden. Er hat Lieder gedichtet, mit denen er Gott lobt, Lieder, die Vertrauen und Trost schenken, Lieder, die aufrichten und helfen können. Er dichtet in einer bildreichen, zu Herzen gehenden Sprache. Dabei greift er häufig auf Bilder und Texte aus der Bibel zurück, die ihm zum Leitfaden werden. In unserem Fall ist der Leitfaden selbst ein biblisches Lied. Er hat ihn aus dem Liederbuch des Volkes Israel, dem Buch der Psalmen genommen; es ist der Psalm 146. Dort heißt es: „Halleluja! Lobe den Herrn, meine Seele! Ich will den Herrn loben, solange ich lebe, und meinem Gott lobsingen, solange ich bin.“ Bei Paul Gerhardt wird aus den Psalmworten ein Gedicht, ein klingender, schwingender Reim:

1. Du meine Seele, singe, wohlauf und singe schön
dem, welchem alle Dinge zu Dienst und Willen stehn.
Ich will den Herren droben hier preisen auf der Erd;
ich will ihn herzlich loben, solang ich leben werd.

Wie der Psalmsänger redet Paul Gerhardt seine eigene Seele an. Die Seele ist dabei nicht nur ein inneres Gefühl. Sie ist vielmehr die Mitte des Menschen, der Lebensatem unseres Körpers. Man könnte sogar sagen: „Lobe den Herrn, mein ganzes Leben!“ Mit seinem ganzen Leben will sich Paul Gerhardt dem Lob Gottes widmen. Das Lied überbrückt Himmel und Erde, es nimmt uns in die Bewegung nach oben hinein – und das ein Leben lang!
Können wir uns ein besseres Gleichnis für die **75 Jahre unseres Kirchenchores** denken? 75 Jahre – das ist eine ganze Lebensspanne. 1929 wurde unser Kirchenchor gegründet, noch 3 Jahre vor dem Bau der ersten Notkirche in Zabo, noch vor der Gründung einer eigenen Gemeinde. Dr. Gröschel hat es im Kirchenboten lebendig beschrieben, wie sich da ein kleiner Kreis begeisterter Sänger zusammenfand. Es kam bald die Zeit des Nationalsozialismus mit all ihren Auseinandersetzungen, der 2. Weltkrieg mit seinem Unrecht, dem unendlichen

Leid, das er zufügte, und schließlich der Zerstörung Nürnbergs; es kam die Nachkriegszeit mit Hunger und Flüchtlingselend. Es wurde aber auch der Posaunenchor gegründet, von jungen Menschen, die dankbar waren, dass sie das Inferno des Krieges überleben durften. Es folgte die Zeit des Aufbaus. Seit den 1964 gibt es die neue, große Kirche in Zabo, seit wenigen Jahren die schöne neue Orgel. In all diesen Zeitläuften ist das Lob Gottes vielstimmig erklungen. Dabei sind es Einzelne und Familien gewesen, die über Jahre und Jahrzehnte die Chorarbeit getragen haben. Ich nenne stellvertretend die Familien Hörlbacher und Schuhmann. Es gehören dazu die langen Jahre mit den Chorleitern Herbert Kornetzki und Kurt Nagel. Und es gehört dazu der frische Wind, den Heidi Brettschneider seit nun 5 Jahren in die Gemeinde gebracht hat und der die Vielstimmigkeit von Kirchen- und Posaunenchor um Gospel- und Kinderchor bereichert. Lob Gottes in all diesen Zeiten: Das ist ein Lob in Zeiten der Freude und der Not, der Hoffnung und der Trauer. Die schweren Seiten des Lebens gehören dazu. Aber das Lob Gottes zeigt uns, dass Not, Schuld und Versagen nicht das Letzte sind; dass wir einen Gott haben, der uns liebt, der an unserer Seite ist. In wie vielen Chorstunden, in wie vielen Gottesdiensten werden Sie als Sänger das verspürt haben, wie das Singen herausholen kann aus einem Kreisen um sich selbst, aus einem Gefangensein in Ängsten, aus einem Fixiertsein auf die dunklen Seiten des Lebens! – Das führt uns zu der 2. Strophe unseres Liedes:

2. Wohl dem, der einzig schauet nach Jakobs Gott und Heil!
Wer dem sich anvertrauet, der hat das beste Teil,
das höchste Gut erlesen, den schönsten Schatz geliebt;
sein Herz und ganzes Wesen bleibt ewig unbetrübt.

So wie die erste Strophe eine Kirchenchorstrophe war, ist dies eine Strophe zum **Reformationsfest.** Das Vertrauen auf Jakobs Gott und Heil war das, was Martin Luther durch alle Auseinandersetzung und Kämpfe, die er zu durchstehen hatte, durchhalf: dass man dem Gott vertrauen kann, der einst Jakob bei der Flucht vor seinem Bruder

Esau beigestanden hat, dem Gott, der sein Volk Israel durch die Wüste geführt hat, dem Gott, der uns Jesus als unseren Bruder an die Seite gestellt hat.
Als Martin Luther im Jahr 1517 am 31. Oktober seine 95 Thesen zur Diskussion stellte – bzw. der Überlieferung nach an die Schlosskirche in Wittenberg schlug –, ging es auch um das rechte Gottvertrauen und um den eigentlichen Schatz, von dem unsere Liedstrophe spricht. Die Menschen sollten sich nicht auf ihre Schätze verlassen, sie sollten nicht meinen, sie könnten sich ihr Seelenheil erkaufen. So hatte es der Ablasshändler Tetzel den Menschen damals weismachen wollen. „Sobald das Geld im Kasten klingt, die Seele aus dem Fegefeuer springt“; mit diesem Reim hat er den Leuten das Geld aus der Tasche gezogen. Das Heil kaufen: Das ist ein ungeheuer aktuelles Thema auch heute. Denn wie wird uns überall angepriesen, was man kaufen, was man besitzen sollte, um etwas zu sein, um etwas zu bedeuten, als könnte man sein ewiges Heil damit erlangen. Der „schönste Schatz“, von dem unser Lied spricht, ist etwas anderes: Es ist das Vertrauen in Gott, der uns begleitet, der an unserer Seite ist, an den wir uns unmittelbar wenden dürfen.
Für Martin Luther war dieses Vertrauen lebensnotwendig: Wenn er, der kleine Mönch aus Wittenberg, die frohe Botschaft, das freie Evangelium gegen Papst, Kaiser und Fürsten behaupten wollte, dann konnte er es nur in dieser Kraft. Und dieses Vertrauen, diese Kraft gegenüber allen Teufeln, die es in der Welt gibt, hat er auch in seine Lieder hineingelegt, in „Ein feste Burg ist unser Gott“ und „Nun freut euch, lieben Christen g‘mein und lasst uns fröhlich springen“. Luther brauchte dieses Vertrauen, als Acht und Bann über ihn verhängt wurden, als sein Kurfürst ihn zur Sicherheit auf die Wartburg bringen ließ, als er selbst immer wieder von Zweifeln, ja vom Teufel selbst angefochten wurde. Es ist ein Vertrauen, das nicht von einer irdischen Macht abhängt, das vielmehr getragen ist von der Kraft Gottes als des Schöpfers, als dessen, der Himmel und Erde gemacht hat, der letztlich alles in der Hand hat. Davon spricht die 3. Strophe:

3. Hier sind die starken Kräfte, die unerschöpfte Macht;
das weisen die Geschäfte, die seine Hand gemacht:
der Himmel und die Erde mit ihrem ganzen Heer,
der Fisch unzähl'ge Herde im großen wilden Meer.

Wir könnten diese Strophe eine **ökumenische Strophe** nennen. Denn das Vertrauen in Gott als den Schöpfer verbindet Christen aller Konfessionen, ja verbindet uns mit dem Glauben der Juden und der Muslime. Gemeinsam drücken wir in diesem Glauben die Erfahrung aus, dass wir uns nicht selbst geschaffen haben, dass uns unser Leben und all die Grundlagen in der Natur, von denen wir leben, geschenkt, bereitet sind – in einer unendlichen, staunenswerten Fülle. Und je mehr wir wissen über das Weltall, über die unendlichen Sternenräume, und über das Wunder, das der kleinste Käfer, das kleinste Blatt in sich trägt, desto größer müsste unser Staunen sein – und desto größer die Achtsamkeit, wie wir mit dem Lebendigen umgehen, gegen alle Ausbeutung, gegen alle Verschwendungssucht.
Das Vertrauen in Gott, der alles geschaffen hat, wovon wir leben, und der uns ermutigt, all das verantwortlich zu bewahren und zu entwickeln, trägt auch die folgenden Strophen.
Paul Gerhardt greift da Strophe für Strophe einen kurzen Satz aus Psalm 146 auf und entfaltet ihn. Da heißt es in dem Psalm:
„(5) Wohl dem, ...der seine Hoffnung setzt auf den HERRN, seinen Gott, (6) ...der Treue hält ewiglich, (7) der Recht schafft denen, die Gewalt leiden, der die Hungrigen speiset. Der HERR macht die Gefangenen frei.“
Bei Paul Gerhardt klingt das in der 4. und 5. Strophe seines Liedes dann so:

4. Hier sind die treuen Sinnen, die niemand Unrecht tun,
all denen Gutes gönnen, die in der Treu beruhn.
Gott hält sein Wort mit Freuden, und was er spricht, geschicht;
und wer Gewalt muß leiden, den schützt er im Gericht.

5. Er weiß viel tausend Weisen, zu retten aus dem Tod,
ernährt und gibet Speisen zur Zeit der Hungersnot,
macht schöne rote Wangen oft bei geringem Mahl;
und die da sind gefangen, die reißt er aus der Qual.

Und ebenso geht es weiter in den nächsten Strophen. Im Psalm heißt es knapp und eindrücklich:
„(8) der HERR macht die Blinden sehend. Der HERR richtet auf, die niedergeschlagen sind. Der HERR liebt die Gerechten.“
Das entfaltet Paul Gerhardt in der 6. Strophe:

6. Er ist das Licht der Blinden, erleuchtet ihr Gesicht,
und die sich schwach befinden, die stellt er aufgericht'.
Er liebet alle Frommen, und die ihm günstig sind,
die finden, wenn sie kommen, an ihm den besten Freund.

Und schließlich heißt es im Psalm weiter:
„(9) Der HERR behütet die Fremdlinge und erhält Waisen und Witwen; aber die Gottlosen führt er in die Irre.“
Auch dies verwandelt Paul Gerhardt in einen bildhaften Reim:

7. Er ist der Fremden Hütte, die Waisen nimmt er an,
erfüllt der Witwen Bitte, wird selbst ihr Trost und Mann.
Die aber, die ihn hassen, bezahlet er mit Grimm,
ihr Haus und wo sie saßen, das wirft er um und um.

Jetzt kann man natürlich fragen: Wie kommt der Psalmbeter dazu, das alles so positiv auszusprechen. Und wie kommt Paul Gerhardt dazu, das in so schöne Reime zu fassen? Sehen sie nicht die Realitäten, wie sie sind? Ja, schön wäre es, wenn die Recht erhielten, die Gewalt leiden. Schön wäre es, wenn die Gefangenen frei kämen. Schön wäre es, wenn die Blinden sehend würden, wenn Niedergeschlagene aufgerichtet, Gerechte unterstützt, Fremdlinge, Witwen und Waisen behütet würden – und wenn die Stühle der Gewalttäter und der Tyrannen umgestoßen würden. Aber wo erleben wir das? Warum erfährt unsere Erde so viel an Unfrieden, an Gewalt und

Terror, an Hunger, Vertreibung und neuen Menschheitsplagen wie AIDS?
Noch erstaunlicher wird das, wenn wir die Jahreszahl unter unserem Lied sehen: 1653. Nur fünf Jahre waren vergangen seit dem schrecklichen dreißigjährigen Krieg, in dem sich die Völker und Konfessionen bekämpften und in dem Paul Gerhardt unendliches Elend und Leid hatte erleben müssen. Paul Gerhardt weiß das, er verdrängt es nicht, wie wir aus vielen anderen Liedern bei ihm wissen. Aber er lebt wie der Psalmbeter mit einer alternativen Vision. Er weiß, was der gute Wille Gottes mit den Menschen ist. Und er entdeckt die Spuren, die Gott selbst dazu legt. Es ist Gottes Nähe in Jesus Christus, in der dieses Wirken Gottes für uns am deutlichsten sichtbar wird: dass Verlorene nicht allein gelassen, sondern angenommen werden; dass Hunger nicht hingenommen, sondern durch Teilen gestillt wird; dass Feindesliebe nicht nur ein Wort ist, sondern gelebt wird; dass Blinden das Licht geschenkt wird, nicht nur denen, die äußerlich nicht sehen können, sondern auch denen, deren Herzen verdunkelt sind gegenüber der Not anderer Menschen. Und er weiß, dass das, was in Jesus aufgeleuchtet ist, der endgültige Wille Gottes ist: wenn Gott, wie es in der Offenbarung des Johannes heißt, einmal abwischen wird alle Tränen von unseren Augen und dem Tod, dem Leid und Geschrei ein Ende macht.
Und damit will Paul Gerhardt uns ermutigen, nach dieser Vision und in ihr zu leben: selbst Spuren der Liebe, des Verzeihens, des gegenseitigen Beistands und des sorgsamen Umgangs mit den guten Gaben Gottes zu legen.
Ein Beispiel dafür ist für mich die Arbeit der Schneller Schulen in Jordanien und im Libanon, für die meine Frau und ich uns seit vielen Jahren mit eingesetzt haben. Dort werden im Geist des Evangeliums, der frohen Botschaft, an die wir uns am Reformationstag besonders erinnern, christliche und muslimische Kinder aus armen Familien, Kriegs- und Sozialwaisen gemeinsam erzogen und ausgebildet. Als die Erzieher gefragt wurden, ob sie erzählen könnten, wie sich dieser Geist bei den Kindern auswirkt, erzählten sie, wie christliche Kinder

im muslimischen Fastenmonat Ramadan, der ja auch gegenwärtig von den Muslimen begangen wird, für ihre muslimischen Freunde früh morgens ein Frühstück vorbereiteten, damit diese den Fastentag gut durchstehen können. Sie erzählten aber auch, wie in der Zeit des Bürgerkriegs im Libanon oft muslimische Kinder ihre christlichen Freunde zu ihren Familien begleiteten, wenn diese durch ein muslimisch kontrolliertes Gebiet reisen mussten, um ihnen dabei zur Seite zu stehen.
Vielleicht denken wir – jeder und jede von uns – einmal nach, wo es solche oder ähnliche Spuren in unserem Leben gegeben hat und gibt, die uns trösten, aufrichten, stärken können: Haben wir nicht oft Hilfe und Beistand erfahren, wenn wir krank und bedrängt waren? Sind wir nicht oft Liebestaten und Liebeswerken begegnet, die ganz ohne Berechnung ausgeführt wurden und werden? Macht nicht manches Mal eine Musik und ein Lied unsere Herzen hell, wenn es sehr dunkel zu sein scheint? Paul Gerhard lädt uns jedenfalls ein, darüber zu staunen und von Herzen mit zu vollziehen, was er in der letzten Strophe seines Liedes zum Ausdruck bringt:

8. Ach ich bin viel zu wenig, zu rühmen seinen Ruhm;
der Herr allein ist König, ich eine welke Blum.
Jedoch weil ich gehöre gen Zion in sein Zelt,
ist's billig, daß ich mehre sein Lob vor aller Welt.

Amen.

Predigt am 2. Sonntag nach Epiphanias, 15. Januar 2006
in der Neustädter Universitätskirche Erlangen

„Mit Pauken und Trompeten“

Psalm 150

(1) Halleluja! Lobet Gott in seinem Heiligtum!
Lobet ihn in der Feste seiner Macht!
(2) Lobet ihn für seine Taten!
Lobet ihn in seiner großen Herrlichkeit!
(3) Lobet ihn mit Trompeten!
Lobet ihn mit Psalter und Harfen!
(4) Lobet ihn mit Pauken und Reigen!
Lobet ihn mit Saitenspiel und Schalmei!
(5) Lobet ihn mit hellen Zimbeln!
Lobet ihn mit klingenden Zimbeln!
(6) Alles, was Odem hat, lobe den HERRN!
Halleluja!

Liebe Gemeinde! Wenn ein Gottesdienst unter das Thema „Mit Pauken und Trompeten“ gestellt wird, welchen Predigttext sollte man dann anders wählen als diesen Psalm?

Trompeten und Pauken stehen in seiner Mitte, sie stehen in der Mitte des großen Orchesters, das hier zu Gottes Lob erklingt. Sie sind nicht die einzigen Instrumente, wohl aber die lautesten. Und dem Schofar – vielleicht noch besser als „Horn“ übersetzt als mit Trompete oder Posaune – kommt sicher die Signalfunktion zu, mit der der Lobgesang eröffnet wird. Wie es etwa geklungen haben muss, kann ich Ihnen selbst an meinem Schofar demonstrieren.

Horn und Pauke ertönen in der Mitte eines überschwänglichen Gotteslobes: Elf mal fordert der Psalmist zum Lob Gottes auf, eingerahmt von einem zweifachen Halleluja.

Gott soll gelobt werden in seinem Heiligtum – da, wo sich Himmel und Erde berühren. Er soll gelobt werden für seine großen Taten. Er soll gelobt werden mit Psalter, Harfen, Reigen, Saitenspiel, Schalmei und Zimbeln. Ja, das steht gewichtig am Schluss: Alles, was Odem

hat, soll ihn loben!
Bereits von Psalm 146 an sind die fünf letzten Lieder des Psalters auf Lobgesang gestimmt. In Psalm 150 schwillt das Lob zu einem gewaltigen Schlussakkord an. In seinem Psalmenkommentar schreibt Arthur Weiser, dass der Sammler des Psalters diesen Psalm wohl mit Absicht als Schlussstein seiner Sammlung eingefügt hat, um so vom Ende her noch einmal Licht fallen zu lassen auf das Ganze der Psalmensammlung. Und gemeint ist damit auch: Singt den Psalter; erbaut euch daran! Im Lob Gottes klingen die verschiedensten Stimmen im Himmel und auf Erden zusammen zu einem gewaltigen symphonischen Hymnus.
Man kann auch sagen: Der ganze Psalter mit seinen so verschiedenartigen Liedern ist ein Kommentar zu Psalm 150. Und umgekehrt: Der ganze Psalter wird ausgerichtet auf diesen Lobpreis am Schluss. Aus diesem Miteinander, dem Miteinander einer reichen Gottesbegegnung, möchte ich drei Gesichtspunkte herausgreifen, die uns heute als Botschaft weiter gesagt werden sollen:

1. Das Gotteslob überwindet die Verklärung menschlicher Macht.
2. Im Gotteslob münden Klage, Leid, Hoffnung und Vertrauen.
3. Im Gotteslob klingen die Stimmen der Gemeinde zusammen.

1. Das Gotteslob überwindet die Verklärung menschlicher Macht.

Das nenne ich zuerst, weil der Einsatz von Pauken und Trompeten durchaus eine zwiespältige Geschichte hat: Wie oft haben Hörner und Trompeten das Signal zum Angriff, zum Krieg gegeben! Wie oft mussten Militärkapellen dem Auftritt von Tyrannen die Weihe verleihen!
In dem Roman von Willi Weglehner – „Nahkampf“ (Nürnberg 2005) – wird das mehrfach bedrückend deutlich. Weglehner entwickelt den Roman aus den Erlebnissen des jungen Arno Hamburger, des jetzigen Vorsitzenden der Israelitischen Kultusgemeinde Nürnberg. Es kann einem unter die Haut gehen, wenn dort der Auftritt der SA am 21. März 1933 in Nürnberg geschildert wird:
„Vom Marientor her waren auf einmal dumpfe, rhythmische Schlä-

ge zu hören. Bumm ... bumm ... bumm, bumm, bumm, und kurz danach fielen gleichzeitig Trompeten, Posaunen, Klarinetten, klingendes Spiel und Tschingderassa in den Rhythmusgeber ein. (S. 83)
Der jüdische Junge kann sich der Suggestivkraft des Aufmarsches mit SA, Hitlerjugend, Kriegsveteranen, Sportlern, ja selbst kirchlichen Jugendgruppen kaum entziehen, erschrickt aber über den Gleichschritt, der sogar von Kirchenglocken begleitet wird. Und er weiß, dass er nicht dazu gehören kann und dass er zunehmend ausgegrenzt wird. Er hat auch schon die ersten Nachrichten von Deportationen ins Konzentrationslager Dachau mitbekommen.
Im Psalter heißt es anders. Da lesen wir in Psalm 146:
(2) Ich will den HERRN loben, solange ich lebe, und meinem Gott lobsingen, solange ich bin.
(3) Verlasst euch nicht auf Fürsten; die sind Menschen, die können ja nicht helfen.
(4) Denn des Menschen Geist muss davon, und er muss wieder zu Erde werden; dann sind verloren alle seine Pläne.
(5) Wohl dem, dessen Hilfe der Gott Jakobs ist, der seine Hoffnung setzt auf den HERRN, seinen Gott,
(6) der Himmel und Erde gemacht hat, das Meer und alles, was darinnen ist; der Treue hält ewiglich,
(7) der Recht schafft denen, die Gewalt leiden, der die Hungrigen speiset.
Der HERR macht die Gefangenen frei.
(8) Der HERR macht die Blinden sehend.
(9) Der HERR richtet auf, die niedergeschlagen sind. Der HERR liebt die Gerechten.
(10) Der HERR behütet die Fremdlinge und erhält Witwen und Waisen ...“

Hier wird die Anmaßung menschlicher Macht entlarvt – jede Macht, die auf Kosten der Gerechtigkeit geübt wird, die Pauken und Trompeten nutzt, um zu besinnungsloser Gefolgschaft zu verführen.
Das Gotteslob der Psalmen erwächst aus einem anderen Boden. Da hat falsche Verklärung, da hat Ungerechtigkeit keinen Platz. Da

wird das Leben mit allem Schweren und allem Schönen unter den Geleitschutz Gottes gestellt.
Und damit bin ich bei dem Zweiten, das an Psalm 150 deutlich werden kann:

2. Im Gotteslob münden Klage, Leid, Hoffnung und Vertrauen.

Die Psalmen des Alten Testaments sind ein Kosmos an Lebenserfahrungen in der Begegnung mit Gott. Da wird nichts an Schwerem verdrängt. Klage, ja Anklage haben ihren Platz. Am bekanntesten ist es uns aus der Passionsgeschichte, wo Jesus am Kreuz mit den Worten des 22. Psalms ruft: „Mein Gott, mein Gott, warum hast du mich verlassen.“ Ein ganz wesentlicher Teil des Psalmbuches sind Klagepsalmen. Da wird alle Not vor Gott ausgebreitet. Und auf der anderen Seite finden wir – oft als Antwort auf die Klage – Hoffnung und Vertrauen. Die Psalmbeter erinnern an die Befreiungstaten Gottes, der Israel aus der Knechtschaft herausgeführt hat: „Als der HERR die Gefangenen Zions erlöste, da waren wir wie die Träumenden“ (Ps 126). Die Psalmbeter loben die Schöpfungstaten Gottes in einzigartig schönen Bildern. Sie finden eine Sprache des Vertrauens und des Trostes.
Der Religionspädagoge Ingo Baldermann hat plastisch beschrieben, wie die Begegnung mit Psalmworten Kindern – und gerade auch Kindern ohne dezidiert religiösen Hintergrund – unmittelbar helfen kann, eine Sprache für ihre Lebenserfahrungen zu finden. Er spricht von den biblischen Worten als „Lebensbrot“ für Kinder.
Er bekam in einer Schulklasse die sehr konkreten Zukunftsängste unter seinen Schülerinnen und Schülern mit. Als dann das Wort „Ich versinke in tiefem Schlamm, wo kein Grund ist“ (Ps 69) und später „Meine Seele will sich nicht trösten lassen“ (Ps 77,3) an der Tafel stand, begannen die Kinder, ihre Bedrängnisse und Ängste auszubreiten, darüber zu sprechen und sie so zu bearbeiten.
Ebenso wichtig werden dann die Worte gegen die Angst, wird es die Sprache der Hoffnung, die den Kindern hilft, Gegenerfahrungen und Gegenbilder zu entwerfen:

„Von allen Seiten umgibst du mich und hältst deine Hand über mir“ (Ps 139,5) oder „Ich werde nicht sterben, sondern leben“ (Ps 118,7). Auch die schönen Namen Gottes: „Du bist mein Fels, meine Burg (31,4), mein Licht (27,19)“ und zentral das „Du bist bei mir“ (Ps 23). Die Kinder beziehen das oft erst auf zwischenmenschliche Erfahrungen, etwa die Liebe der Mutter, die das geängstigte Kind auch in dunkler Nacht in den Arm nimmt und ihm zuspricht: „Ich bin bei dir.“ Aber irgendwann kommt dann auch die Einsicht, vielleicht nur als Frage: „Das kann ich auch sagen, wenn ich ganz allein bin -?“ Und damit sind wir an der Schwelle, wo Gott als Geber von Trost und Geborgenheit und Quelle neuen Mutes sichtbar wird.
Die, die mit den Psalmen groß geworden sind, wissen um die Kraft dieser Worte. Würden wir hier erzählen lassen, wo und wie Psalmworte einzelne unter uns und oft ganze Familien durch das Leben – und oft auch durch das Sterben - begleitet haben: Gewiss würde da ein großer Schatz an Erlebnissen, Eindrücken und Erfahrungen zur Sprache kommen.
Für mich selbst hat Psalm 23 – „Der Herr ist mein Hirte“ – eine besondere Bedeutung:
Ich hatte als Junge im 6. Schuljahr die Predigt eines Lehrers gehört, der schwere Kriegserfahrungen hinter sich hatte. Er sprach besonders darüber, wie ihm in verzweifelten Situationen der Vers in der Mitte nahe gekommen ist: „Und ob ich schon wanderte im finstern Tal, fürchte ich kein Unglück: denn du bist bei mir, dein Stecken und Stab trösten mich“. Das konnte ich direkt auf mich beziehen, auf manche schweren Nächte, in denen ich als Kind vom Asthma geplagt wurde. Ich durfte mir dann dieses Wort als Konfirmationsspruch wählen, und es hat mich durch schöne wie durch schwere Zeiten begleitet. Verstanden habe ich das Wort immer im Kontext des Weges Jesu: Er bietet sich als Stecken und Stab Gottes an, er steht an der Seite der Leidenden und Schwachen, er überwindet Tod und Schuld, er schenkt uns österliche Hoffnung.

Wir sehen: Das Gotteslob in Psalm 150 ist ein erfülltes, ein von der Lebenserfahrung in der Begegnung mit Gott gesättigtes Gotteslob.

Und deshalb hat es mit Recht einen wichtigen, zentralen Ort in unseren Gottesdiensten, im Leben der Gemeinde und besonders als Gotteslob mit Gesang und Musik.
Damit komme ich zum Dritten:

3. Im Gotteslob klingen die Stimmen der Gemeinde zusammen.

Ich habe es immer als besonderes Merkmal der evangelischen Kirchen empfunden, dass in ihnen das Gotteslob eine so geprägte, vielfältige musikalische Gestalt gewonnen hat: beginnend mit den Liedern Martin Luthers, mit denen sich das Evangelium fast tänzerisch in die Herzen der Menschen hinein gesungen hat, mit dem großen Schatz an Chorälen die Jahrhunderte hindurch, mit der Orgel, den Chören, den Werken der großen Komponisten – und nicht zuletzt mit Pauken und Trompeten.
Die Posaunenchorbewegung begann erst im 19. Jahrhundert während der Erweckung im Minden-Ravensberger Land, aber sie hat sich zu einem ganz wichtigen Zweig der Jugend- und Musikarbeit, ja der Gemeindearbeit überhaupt entwickelt. Psalm 150 wurde dabei direkt als Leitbild genommen. Orgel-, Gesangs- und Bläserchor sollten im Wechsel miteinander und mit der Gemeinde musizieren können, und deshalb wurde für die Posaunenchöre extra die C-Notation eingeführt, damit man die gleichen Noten benutzen konnte.
Gegenwärtig gibt es allein in Bayern 900 Posaunenchöre mit 19.000 Bläserinnen und Bläsern im Verband Evangelischer Posaunenchöre.
Die Posaunenchorarbeit gehört zur vielfältigsten und dynamischsten kirchlichen Arbeit: In ihr sind wirklich noch die Generationen verbunden – in unserem Posaunenchor in Nürnberg-Zerzabelshof reicht die Spanne von gut 70 bis 12 Jahren. Und während zu Beginn meiner Posaunenchorlaufbahn – ich habe Weihnachten 1949 erstmals in der Kirche mitgeblasen – noch kein Mädchen im Posaunenchor mitblies, haben wir heute ein fast ausgeglichenes Verhältnis der Geschlechter – bis in die Leitungsgremien hinein.
Geht man der Geschichte einzelner Posaunenchöre nach, so kann man schnell eine ähnliche Vielfalt an Lebenserfahrungen in der

Gottesbegegnung entdecken, wie sie Psalm 150 in seiner Beziehung zu dem ganzen Psalter voraussetzt.
Um einmal von unserem Posaunenchor in Nürnberg-Zerzabelshof zu erzählen, der in diesem Jahr sein 60-jähriges Jubiläum feiert und in dem bis zum letzten Jahr noch ein Gründungsmitglied mitgeblasen hat und jetzt noch ein Bläser dabei ist, der seit 58 Jahren mitspielt: Da waren 1946 acht junge Männer, die bewahrt geblieben waren im schrecklichen 2. Weltkrieg und unter dem Regime des Nationalsozialismus. Sie nahmen diese Bewahrung nicht als selbstverständlich, sondern wollten Gott dafür loben, mit Posaunen und Trompeten – und diese Aufgabe haben sie für ihr ganzes weiteres Leben übernommen.
Dieses Gotteslob hat die bitteren Erfahrungen der Kriegs- und Nachkriegszeit nicht verdrängt, aber es nimmt ernst, dass unser Leben immer wieder eine Bewahrung, ein Geschenk ist, für das wir genügend Anlass haben, Lob und Dank zu sagen.
60 Jahre: Wie oft ist da der Chor zusammengekommen, hat die Instrumente gestimmt, Lieder ausgesucht und geübt, Spielstücke erarbeitet und gestaltet. - Wie oft sind da die Instrumente ausgepackt worden und wie oft haben da die Töne zusammengeklungen: bei Gottesdiensten und Kirchenfesten, bei Trauungen, bei Geburtstagen, zu Beerdigungen, bei Kirchentagen und Posaunenchortreffen!
Eine besondere Leistung in der Posaunenchorarbeit ist, dass sie sich nicht in traditionelle Spielweisen eingeengt hat. Auch die 70-jährigen in unserem Chor haben sich in den vergangenen Jahren noch zu Swing, zu Gospel-Sound und zur bläserischen Gestaltung von Taizé-Gesängen anleiten lassen. Und beim „Konzert der Chöre" in unserer Gemeinde wirken alle mit: Kinderchor, Kirchenchor, Gospelchor und Posaunenchor.

Die Freude an der großen Vielfalt des Gotteslobes lässt sich da erfahren. Besonders intensiv aber wird die Bläsermusik, wo sie einen Strahl der künftigen Herrlichkeit Gottes aufleuchten lässt. Wenn ich bei einem Bach-Choralsatz die schön gestaltete Tenorstimme in das Horn hinein singen kann, überstrahlt von den hohen Tönen der

Trompeten und getragen von der Bassstimme der Tuba, dann spiegelt die Musik etwas von den Verheißungen, die unsere Bibel an ihrem Ende, in der Offenbarung des Johannes, bereit hält. Der neue Himmel und die neue Erde, in denen Gerechtigkeit wohnt, wo Leid und Geschrei überwunden sind und Gott die Tränen abwischt von allen Augen, die sind auf einmal sehr nahe, wenn das Gotteslob erklingt, so wie es Philipp Nicolai in Text und Melodie gesetzt hat:

Gloria sei dir gesungen mit Menschen- und mit Engelszungen,
mit Harfen und mit Zimbeln schön.
Von zwölf Perlen sind die Tor, an deiner Stadt, wir stehn im Chore
der Engel hoch um deinen Thron.
Kein Aug hat je gespürt, kein Ohr hat mehr gehört solche Freude.
Des jauchzen wir und singen dir das Halleluja für und für.

Amen.

Durch das Kirchenjahr

Macht hoch die Tür ö

1

Psalm 24,7–10

2 Er ist gerecht, ein Helfer wert; / Sanftmütigkeit ist sein Gefährt, / sein Königskron ist Heiligkeit, / sein Zepter ist Barmherzigkeit; / all unsre Not zum End er bringt, / derhalben jauchzt, mit Freuden singt: / Gelobet sei mein Gott, / mein Heiland groß von Tat.

3 O wohl dem Land, o wohl der Stadt, / so diesen König bei sich hat. / Wohl allen Herzen insgemein, / da dieser König ziehet ein. / Er ist die rechte Freudensonn, / bringt mit sich lauter Freud und Wonn. / Gelobet sei mein Gott, / mein Tröster früh und spat.

4 Macht hoch die Tür, die Tor macht weit, / eu'r Herz zum Tempel zubereit'. / Die Zweiglein der Gottseligkeit / steckt auf mit Andacht, Lust und Freud; / so kommt der König auch zu euch, / ja, Heil und Leben mit zugleich. / Gelobet sei mein Gott, / voll Rat, voll Tat, voll Gnad.

5 Komm, o mein Heiland Jesu Christ, / meins Herzens Tür dir offen ist. / Ach zieh mit deiner Gnade ein; / dein Freundlichkeit auch uns erschein. / Dein Heilger Geist uns führ und leit / den Weg zur ewgen Seligkeit. / Dem Namen dein, o Herr, / sei ewig Preis und Ehr.

Text: Georg Weissel (1623) 1642
Melodie: Halle 1704

Dialogpredigt Fridolin Förster / Johannes Lähnemann
am 4. Advent, 21. Dezember 1997,
in der Evangelisch-Lutherischen Auferstehungskirche
Nürnberg-Zerzabelshof über das Lied

„Macht hoch die Tür“

von Georg Weissel (1632)
EG 1

J. Lähnemann:
Liebe Gemeinde! Der Samstag vor dem 1. Advent war für uns Kinder immer ein Tag voller Spannung. Wir wussten: Mutter bereitet jetzt alles für die Vorweihnachtszeit vor. Wir sahen schon den alten Uhren-Adventskalender aus dem Erzgebirge vor uns, das Transparent mit den drei Königen, die unter einem tiefblauen Winterhimmel dem Stern folgten - und natürlich das erste Licht auf dem Adventskranz. Das Schönste aber war, wenn wir uns dann am Morgen des Sonntags um den geschmückten Frühstückstisch versammelten und gemeinsam sangen: „Macht hoch die Tür, die Tor macht weit; es kommt der Herr der Herrlichkeit ...“
Damit tat sich gleichsam die Tür auf, aus dem grauen Novembermonat zu dem neu wachsenden Licht, zum neuen Kirchenjahr, zur Vorfreude auf Weihnachten.
Und ähnlich haben wir es mit unseren Kindern, im Posaunenchor, bei unendlich vielen Weihnachtsfeiern erlebt: „Macht hoch die Tür“ - in diesem Lied klingt die ganze freudige Festlichkeit dieser Zeit auf.
Und doch höre ich bei dieser Schilderung gleich einen Einwand: Ist das Bild, das Sie da entwerfen, nicht ein viel zu idyllisches Bild? Was ändert denn die Adventszeit an den Nöten in der Welt? Sind die Wochen vor Weihnachten nicht die Zeit, in der die Kontraste von Reich und Arm, von Licht und Dunkelheit besonders krass aufeinander treffen? Jeden Tag finde ich in meiner Zeitung Prospekte für Menschen, die sich viel leisten können. Und jeden Tag kommt mit der Post eine neue Bitte um Spenden für Menschen, die es besonders schwer haben: für Behinderte, Waisenkinder in Entwicklungsländern, Kriegsopfer, überlastete Mütter, Hungernde in Afrika und

Südostasien, die nach langen Dürreperioden kaum etwas zu essen haben. Und sind die Wochen vor Weihnachten nicht die Zeit, in denen mein Wunsch nach Ruhe und Besinnung immer wieder überholt wird von der Hektik, die mich umgibt und aus der ich mich so schwer lösen kann?
Was heißt da „Macht hoch die Tür"? Als erstes merke ich: Das ist ein Lied, das lässt sich nicht auf die Betriebsamkeit, auf die Hektik ein, die mich umgibt. Es nimmt mich heraus aus Grübeln und Grämen. Wenn wir es singen, dann blicken wir auf einmal in eine ganz andere Richtung.

V. 1: *Macht hoch die Tür, die Tor macht weit;*
es kommt der Herr der Herrlichkeit,
ein König aller Königreich,
ein Heiland aller Welt zugleich,
der Heil und Leben mit sich bringt;
derhalben jauchzt, mit Freuden singt:
Gelobet sei mein Gott,
mein Schöpfer reich von Rat.

F. Förster:
In dieser Strophe ist das genaue Gegenbild entworfen: Es sollen sich die Tore öffnen für den Herrn der Herrlichkeit, den König aller Könige, den Heiland aller Welt. Es geht darum, dass wir Gott in all seiner Größe und Majestät als den Helfer, als den Retter erkennen, der zu uns kommt. Es kommt der, der die Welt geschaffen hat, der sie in der Hand hat. Die Worte dieses Verses sind Psalm 24 entnommen, in dem es heißt: „Machet die Tore weit und die Türen in der Welt hoch, dass der König der Ehren einziehe." Eine Legende erzählt: Als der König Salomo die heilige Bundeslade mit den zehn Geboten in den Tempel hereinholen wollte, geschah das Unerhörte: Die Bundeslade, die viel kleiner und schmaler war als das Tempeltor, passte nicht hindurch. Da rief der König: Reckt euch hoch, ihr ewigen Tore. Und die Priester und Leviten bliesen in die Hörner. Aber die Bundeslade stand still und rückte nicht vom Fleck. Denn über

ihr thronte Gott der Herr, und für Gott war das Tor zu niedrig, die Tür zu eng, der Tempel zu klein, um seine Herrlichkeit einzulassen. Noch einmal rief der König mit lauter Stimme: Reckt euch hoch, ihr ewigen Tore. Da hob sich die Bundeslade von den Schultern der Priester, die sie trugen, die Tore taten sich auf beiden Seiten auf bis zum Horizont und reckten sich hoch bis an den Himmel. So geschah es, dass Gott der Herr Einzug hielt, der Herr der Herrlichkeit, der Mittelpunkt des Lebens, der Schöpfer reich von Rat.

J. Lähnemann:
Das ist eine schöne, eindrucksvolle Geschichte. Aber: Gott als Schöpfer, Gott als Mittelpunkt des Lebens? Sind heute nicht ganz andere Dinge Mittelpunkt? Ist der König aller Könige nicht die Geldmacht, der unbedingte Erfolg, das Herrschen können Weniger über Viele? Stehen im Zentrum unseres Weltgeschehens nicht Machthaber, die alles andere im Sinn haben als das Heil der Welt?

Hier müssen wir unseren Blick auf die 2. Strophe richten. Sie zeigt uns das Bild eines Herrschers, eines Königs, das alles andere ist als das eines Tyrannen, eines Egoisten, eines Machtbesessenen:

V. 2: *Er ist gerecht, ein Helfer wert;*
Sanftmütigkeit ist sein Gefährt,
sein Königskron ist Heiligkeit,
sein Zepter ist Barmherzigkeit;
all unsre Not zu End er bringt,
derhalben jauchzt, mit Freuden singt:
Gelobet sei mein Gott,
mein Heiland groß von Tat.

Wurde uns Gott in der 1. Strophe als Schöpfer dargestellt, so in der 2. Strophe als der Heiland. Was gehört zu dem, der die Welt heilen kann: Es gehört zu ihm Gerechtigkeit, Sanftmut; es gehört zu ihm Heiligkeit - und das meint hier Erhabenheit; und die Königskrone der Heiligkeit ist gepaart mit dem Zepter der Barmherzigkeit.

Ist das nicht die Herrschaft, die unsere Welt braucht, die alle Not zu Ende bringt?
Aber: Wie kann der Liederdichter dieses Lob Gottes singen? Ist er damit nicht fern von den Realitäten dieser Welt?

F. Förster:
Der Dichter unseres Liedes hat selbst in einer sehr harten Realität gelebt: Georg Weissel ist sein Name, und als Jahreszahl steht 1623 unter unserem Lied: Fünf Jahre dauerte damals bereits der 30-jährige Krieg, und sein Ende hat Georg Weissel nicht mehr erlebt. Wenn man weiß, wie in diesem Krieg die irdischen Herrscher mit Macht und Schwert gegeneinander auftrumpften, wenn man weiß, mit welchen Grausamkeiten Menschen umgebracht und ganze Landschaften verwüstet wurden, dann versteht man, wie aktuell der Wunsch war, einen helfenden, gerechten, erhabenen und sanftmütigen König zu haben. Und dazu gehört, dass dieser König ein Volk hat, das seinen Geboten folgt. In Psalm 24, auf den sich Georg Weissel mit seinem Lied bezieht, heißt es: „Wer darf auf des HERRN Berg gehen: Wer unschuldige Hände hat und reines Herzens ist, wer nicht bedacht ist auf Lug und Trug. ...“

J. Lähnemann:
In der 3. Strophe drückt Georg Weissel diesen Wunsch nach einem gerechten, helfenden König und nach Menschen, die diesen König bei sich aufnehmen, noch deutlicher aus:

V. 3: *O wohl dem Land, o wohl der Stadt,*
so diesen König bei sich hat.
Wohl allen Herzen insgemein,
da dieser König ziehet ein.
Er ist die rechte Freudensonn,
bringt mit sich lauter Freud und Wonn.
Gelobet sei mein Gott,
mein Tröster früh und spat.

Wie gut ist es, wenn Gott mit seiner Gerechtigkeit und seinem Heil ein Land, eine Stadt regiert! Nürnberg hat als Stadt der Reichsparteitage das Gegenteil erlebt: einen Führer, der sich vergotten ließ und einen grausamen Krieg vorbereitete, einen Gauleiter, der systematisch für die Vertreibung und Vernichtung der Juden hetzte - und dann die Zerstörung und Vernichtung als eine der Folgen der gottlosen Herrschaft. Unsere Strophe sagt uns demgegenüber: „O wohl dem Land, o wohl der Stadt, so **diesen** König bei sich hat.“ Dass in unserer Stadt Gerechtigkeit, Barmherzigkeit, Menschlichkeit regieren, dazu muss uns diese Strophe immer wieder rufen - und ich denke, dass der Einsatz unserer Kirchen für Menschenrechte, der Einsatz unserer Gruppe der Weltkonferenz der Religionen für den Frieden für Toleranz und gegenseitiges Verstehen mit dazu gehört. Freilich gehört dazu auch der zweite Wunsch: „Wohl allen Herzen insgemein, da dieser König ziehet ein.“
Wir brauchen es, dass dieser Friedenskönig zu uns persönlich kommt, dass er Platz findet in unseren Herzen. Wovon unser Herz erfüllt sein kann, wenn wir ihn aufnehmen, davon erzählt der zweite Teil unserer Strophe: dass in uns eine Freudensonne aufgeht, dass wir Gott als Tröster bei uns haben - und dass wir dadurch die Kraft geschenkt bekommen, dass Barmherzigkeit und Sanftmut von einem jeden unter uns ausgehen!

F. Förster:
Die 4. Strophe entfaltet das noch deutlicher:

V. 4: *Macht hoch die Tür, die Tor macht weit,*
eu'r Herz zum Tempel zubereit'.
Die Zweiglein der Gottseligkeit
steckt auf mit Andacht, Lust und Freud;
so kommt der König auch zu euch,
ja, Heil und Leben mit zugleich.
Gelobet sei mein Gott,
voll Rat, voll Tat, voll Gnad.

Man könnte fragen: Sind das nicht sehr sentimentale Bilder: „Zweiglein der Gottseligkeit!“ Aber brauchen wir in unserer Zeit nicht gerade Symbole wie Kerzen, Zweige, Christbaum? In Symbolen lebt unser Glaube. Sie sind nicht selbst der Heiland, der Helfer, der Erlöser. Aber durch sie erleben wir: Der König Christus kommt zu uns, ja Heil und Leben mit zugleich. Wenn wir uns ihm öffnen - und sei es nur für ein paar Stunden, für die Zeit dieses Gottesdienstes; oder wenn einer das Lied vor sich hinsummt, dann „kommt der König auch zu euch“.

Auch der Dichter Georg Weissel selbst braucht diese hilfreichen Zeichen. Sie tragen ihn und seine Dichterfreunde in der Notzeit, von der sie umgeben sind. Man merkt den melodiösen Reimen seines Liedes an, dass er nicht nur Theologie, sondern auch Musik studiert hat: bei dem berühmten Komponisten Johann Eccard, der wie er eine längere Zeit in Königsberg in Ostpreußen gewirkt hat. 23 Lieder hat er insgesamt gedichtet, und 3 von ihnen stehen noch in unserem Gesangbuch: „Such, wer da will, ein ander Ziel“, „O Tod, wo ist dein Stachel nun“ und eben unser Adventslied „Macht hoch die Tür“. In allen drei Liedern finden wir den gleichen Reichtum an Bildern, das gleich tiefe Gottvertrauen, das gleiche Lob von Gottes Rat, Tat und Gnad, mit dem die Strophen unseres Liedes enden.

Dabei stellen die Lieder Jesus Christus in den Mittelpunkt und führen zu Christus hin. Der Ruf seit Psalm 24 und König Salomo hat sich fortgepflanzt bis heute. Hier in Jesus, sagt Georg Weissel, ist mehr als Salomo. Hier ist Gottes Geist mit seiner Kraft, die unsere verengten Türen sprengt. Darum gilt: Lasst los von dem, was zweitrangig ist, was nichtig ist, erfasst das, was wichtig ist: Nehmt Christus in euer Herz!

J. Lähnemann:

Nun mögen wir fragen: Kann ich das denn leisten? Kann ich dieser Tempel, diese Wohnung Gottes sein? Kann zu mir der kommen, der die Welt geschaffen hat und der ihr Retter und Erlöser ist?

Hier antwortet uns die 5. Strophe:

V. 5: *Komm, o mein Heiland Jesu Christ,*
meins Herzens Tür dir offen ist.
Ach zieh mit deiner Gnade ein;
dein Freundlichkeit auch uns erschein.
Dein Heilger Geist uns führ und leit
den Weg zur ewgen Seligkeit.
Dem Namen dein, o Herr,
sei ewig Preis und Ehr.

Diese Strophe sagt uns: Es ist der Heiland, der einziehen will; der, der uns immer mit liebevollen Augen anblickt. Wir sollen nichts anderes tun, als uns ihm öffnen. Er hat uns den Weg zur Seligkeit gezeigt: in seiner Geburt in der Krippe, in seiner Hilfe für Verachtete, Kranke, Bedrängte, in seinem Leiden am Kreuz, in seiner Überwindung der Todesmächte. Er ist diesen Weg vor uns, für uns gegangen.
Wie besonders dieser Weg ist, wurde uns am Anfang dieser Adventszeit einmal neu deutlich. Uns sind die Bilder von Stall und Krippe längst vertraut, sie gehören gleichsam zur Weihnachtsatmosphäre dazu. Und nun erlebten wir, wie ein dreijähriges Kind die Geschichte von der Geburt im Stall und in der Krippe zum ersten Mal bewusst wahrnahm. Da wollte es gleich ein Haus bauen, damit Jesus nicht in einem Stall wohnen müsste; und statt der Krippe sollte er ein richtiges Bettchen haben. Dabei dachte es auch an die Tiere: „Dann können Ochs und Esel die Krippe wiederhaben.“
Advent, das heißt: neu den besonderen Weg Jesu sehen, teilnehmen an ihm, aufmerksam werden für die Armut und Not, in die er hineingekommen ist und die er mit seiner Liebe erfüllt hat, sehen, wo Menschen heute in Ställen oder gar ohne Dach über dem Kopf leben müssen. Wenn Jesus in unsere Herzen kommt, wenn wir ihn in uns tragen, dann gewinnen wir Anteil an der Liebe Gottes, die uns erfüllen und von uns ausstrahlen will, dann gehen wir mit seinem Heiligen Geist in diese Festtage hinein und zu allen, denen wir von seinem Heil erzählen und denen wir seine Liebe zeigen können.

Amen.

Gelobet seist du, Jesu Christ ö

23

Leichter mit Capo III, siehe Vorwort

1

Des ewgen Vaters einig Kind / jetzt man in der Krippen find't; / in unser armes Fleisch und Blut / verkleidet sich das ewig Gut. / Kyrieleis. 2

Den aller Welt Kreis nie beschloß, / der liegt in Marien Schoß; / er ist ein Kindlein worden klein, / der alle Ding erhält allein. / Kyrieleis. 3

Das ewig Licht geht da herein, / gibt der Welt ein' neuen Schein; / es leucht' wohl mitten in der Nacht / und uns des Lichtes Kinder macht. / Kyrieleis. 4

Der Sohn des Vaters, Gott von Art, / ein Gast in der Welt hier ward / und führt uns aus dem Jammertal, / macht uns zu Erben in seim Saal. / Kyrieleis. 5

Er ist auf Erden kommen arm, / daß er unser sich erbarm / und in dem Himmel mache reich / und seinen lieben Engeln gleich. / Kyrieleis. 6

Das hat er alles uns getan, / sein groß Lieb zu zeigen an. / Des freu sich alle Christenheit / und dank ihm des in Ewigkeit. / Kyrieleis. 7

Melodie und Text Strophe 1 bezeugt in Medingen 15. Jahrhundert, Strophen 2-7 Martin Luther 1524

Predigt am 4. Advent, 20. Dezember 1998,
in der Evangelisch-Lutherischen Auferstehungskirche
Nürnberg-Zerzabelshof über das Lied

Gelobet seist du, Jesu Christ

von Martin Luther (1524; Strophe 1: Medingen)
EG 23

Liebe Gemeinde! Können Sie sich das vorstellen: eine Zeit, in der es noch keines der Weihnachtslieder gab, wie sie uns vertraut sind und wie sie uns in diesen Wochen entgegen klingen: im Gottesdienst, auf dem Christkindlesmarkt, in der Fußgängerzone, ja sogar in Kaufhäusern; eine Zeit, in der man weder „Vom Himmel hoch“ noch „Ich steh an deiner Krippen hier“ noch „Herbei, o ihr Gläubigen“ kannte, ganz zu schweigen von „Stille Nacht, heilige Nacht“ ?! Aber so war es, als Martin Luther die erste Strophe unseres Liedes fand und dann sechs weitere Strophen hinzudichtete. „Gelobet seist du, Jesu Christ“: Das wurde das erste, das älteste unserer evangelischen Weihnachtslieder.

Martin Luther stand bei der Reformation der Kirche vor der Frage: Wie kann die frohe Botschaft unter die Menschen gebracht werden? Die Menschen, die damals den lateinischen Messgesang kaum verstehen konnten, die im Gottesdienst meist nur Zuhörer und Zuschauer waren. Wie können sie erfahren: Das Evangelium ist nicht fern von mir, in einer fremden Sprache; es gilt mir, mir ganz persönlich?!
Luther war überzeugt: Wir brauchen Lieder, die jeder mitsingen kann. Im Jahr 1524 schrieb er: „Ich wollt, dass wir viele deutsche Gesänge hätten, die das Volk unter der Messe sänge ...“ Im gleichen Jahr schrieb er unser Lied. Den Anfang des Liedes gab es schon in einem Wechselgesang. Auf die lateinische Segnung des Priesters antwortete das Volk mit den deutschen Worten: „Gelobet seist du, Jesu Christ!“ Luther begann, diesen Lobpreis zu ergänzen:

V. 1: Gelobet seist du, Jesu Christ, daß du Mensch geboren bist von einer Jungfrau, das ist wahr; des freuet sich der Engel Schar. Kyrieleis.

In diesem einen Vers steckt im Kern schon die ganze Weihnachtsbotschaft: Jesus Christus wird als Mensch geboren. Das Göttliche kommt auf die Erde. Eine Jungfrau bringt ihn zur Welt. Die Engel freuen sich. Und dann der besondere Schluss dieser Strophe und aller folgenden Strophen. Da steht: „Kyrieleis": „Herr, erbarme dich!" Wie passt dieser Ruf nach Erbarmen mit dem Lobpreis zusammen? Gemeint ist: Wir dürfen Gott dafür loben und preisen, dass er immer wieder auf unsere Bitte um Hilfe hört, weil er ein für allemal in Jesus als Mensch zu uns gekommen ist. Wir dürfen immer wieder sagen: „Kyrieleis": „Herr, wir brauchen deine Hilfe, deinen Beistand. Erbarme dich!"

Und nun verweilt Martin Luther bei dem, was diese erste Strophe sagt, wie vor einem Weihnachtsbild. Er betrachtet, was da zu sehen ist: die Krippe, das Kind, Maria. Er sieht das Licht in der Nacht; er sieht die Engel. Er schreitet dieses Bild ab, betrachtet staunend seine Einzelheiten und erzählt in einfachen Worten, was diese Einzelheiten uns sagen wollen.

Fragen wir nach Grundmotiven, die Martin Luther dabei entfaltet, so können wir dreierlei nennen:

1. Gott wird ein Kind.
2. Das Kind schenkt uns Licht.
3. Das Kind macht uns zu Himmelsboten.

1. Gott wird ein Kind:

V. 2: Des ewgen Vaters einig Kind jetzt man in der Krippe find't;
in unser armes Fleisch und Blut verkleidet sich das ewig Gut.
Kyrieleis.

Martin Luther beginnt mit seiner Betrachtung im Himmel und blickt dann auf die Erde; er verbindet das, was in Bethlehem geschieht, mit unserem Leben und wendet sich dann wieder der Ewigkeit zu.

Er will sagen: Gott, der Vater aller Dinge, gibt uns sein Liebstes, sein Wertvollstes, sein eigenes Kind. Es liegt in einer Futterkrippe.

Was das bedeutet, konnte ich mir vorstellen, als ich vor kurzem ein

Bild aus Peru geschickt bekam. Auf diesem Bild war ein Säugling zu sehen, notdürftig eingehüllt in eine alte Decke, in einem Pappkarton. Die junge Mutter, die das Kind nicht versorgen konnte, hatte das Baby so vor dem Waisenhaus abgestellt; dort nahm man jetzt das kleine Kind auf und versorgte es. Jesus war kein Waisenkind. Aber die Ärmlichkeit der Krippe weist doch schon auf die Schwere und die Härten des Lebens, denen er begegnen wird und denen er sich aussetzen muss. Der Theologe Helmut Gollwitzer hat den Lebensrahmen Jesu einmal mit den knappen Worten umrissen: „Am Anfang die Krippe - am Ende der Galgen!“ Das meint Martin Luther, wenn er sagt: „in unser armes Fleisch und Blut verkleidet sich das ewge Gut“: Alle Regungen des Lebens, alle Freude und aller Schmerz - der körperliche und der seelische - sind Jesus vertraut. Er ist uns nahe in dem, was uns bedrängen, was uns ängstigen, was uns an Schwerem begegnen kann.

Kyrieleis - das bedeutet dann: „Herr, erbarm dich über unser Fleisch und Blut. Du hast unsere Schwachheit getragen, du weißt, wie es ist, wenn wir in Angst sind. Begleite uns, wo unsere Wege schwer werden. Lass uns nicht allein, wenn wir nicht aus noch ein wissen.“

Die 3. Strophe führt den ersten Gedanken noch weiter aus. Gott wird ein Kind:

V. 3: Den aller Welt Kreis nie beschloß, der liegt in Marien Schoß;
er ist ein Kindlein worden klein, der alle Ding erhält allein.
Kyrieleis.

Wieder beginnt Luther bei dem Himmlischen, Ewigen, lenkt dann über zur irdischen Wirklichkeit und blickt am Schluss wieder nach oben:

Der, der die Welt, den ganzen Kosmos in der Hand hat, liegt im Schoß einer jungen Mutter: ein Säugling, ein Baby, das gefüttert und gewickelt werden muss, das rundum auf Hilfe angewiesen ist. Etwas, das tagtäglich viele tausendmal auf unserer Erde geschieht.

Aber, worauf wir hier aufmerksam werden können: Gibt es ein grö-

ßeres Wunder der Schöpfung als die Geburt eines Kindes? Dass da eine ganz eigene, unverwechselbare kleine Person ist, mit dem Potential für ein ganzes Leben?
Und, worauf wir noch aufmerksam werden sollen: Der, der solch ein Kind geworden ist, Kind einer irdischen Mutter, der ist es, der letztlich die Welt erhält - nicht einer aus einer großen, einflussreichen Familie, nicht einer, dem die Macht mit in die Wiege gelegt ist. Er erhält die Welt durch die Gotteskraft, die ihm geschenkt ist, durch die Liebe, die aller Feindschaft begegnet, durch die Barmherzigkeit, mit der er die Mühseligen und Beladenen aufnimmt.
Und er selbst stellt dazu seinen Jüngerinnen und Jüngern ein Kind als Vorbild hin: „Wenn ihr nicht werdet wie die Kinder, (wenn ihr nicht ihre Offenheit, Angewiesenheit spürt und annehmt) - könnt ihr nicht in das Reich Gottes kommen!"
Das ist schließlich auch eine Frage an uns: Wie geht ihr mit Kindern um, welchen Stellenwert haben sie für euch, für eure Familie, für eure Gemeinschaft? Was tut ihr für ihren Schutz, ihre Bewahrung, ihre Entfaltung - bei euch selbst, aber auch weltweit? Nehmt ihr noch wahr: Wenn euch ein Kind anschaut, dann schaut euch Gott an?
Kyrieleis, das heißt hier: Herr, erbarm dich über uns, dass wir unser kindliches Vertrauen nicht verlieren. Erbarm dich auch der Kinder, denen ihre Kindheit geraubt wird, die arbeiten müssen, ausgebeutet werden, denen Ernährung und Ausbildung fehlt. Hilf, dass Kinder bei uns den Schutz und die Hilfe liebevoller Familien finden, dass sie nicht alleingelassen sind und nicht verwahrlosen. Schenk uns in Jesus neu deine schöpferische Kraft, deine Fantasie, deine Begleitung für die Bewahrung dieser Welt!

Es folgt die 4. Strophe mit dem zweiten Grundgedanken des Liedes:
2. Das Kind schenkt uns Licht.

V. 4: Das ewig Licht geht da herein, gibt der Welt ein' neuen Schein;
es leucht wohl mitten in der Nacht und uns des Lichtes Kinder macht. Kyrieleis.

Dass die Weihnachtsbotschaft eine Lichtbotschaft ist, gehört von Anfang an zu den Erzählungen von Christi Geburt: Da sind die Hirten auf dem Feld, um die auf einmal, mitten in der Nacht, die Klarheit des Herrn aufleuchtet. Da sind die Sterndeuter, die Magier aus dem Osten, die ganz fern zu sein scheinen von Gottes Heil. Sie sehen das Licht des Himmels, den Stern, der ihnen den Weg weist zu dem Kind. Dass wir Weihnachten feiern in dieser Jahreszeit, wo es am dunkelsten bei uns ist und wo es langsam wieder heller wird, ist ebenfalls ein Zeichen für das Kind, das uns das Licht schenkt.

Welche Freude das Licht aus dem Dunkel hervorrufen kann, erlebten wir vor zwei Jahren zu Weihnachten, als unser Enkel Jakob zum ersten Mal bewusst bei dem Fest dabei war. Mit seinen vierzehn Monaten wartete er auf dem Arm seines Vaters mit der ganzen Familie vor der verschlossenen Tür der Weihnachtsstube. Wir wussten ja, was drinnen zu sehen war. Dann klingelte das Glöckchen, die Tür ging auf, der Weihnachtsbaum leuchtete im dämmrigen Raum. Das Kind stand vor ihm, vollkommen überwältigt von Staunen. Als wir zu singen begannen: „Ihr Kinderlein, kommet“, drehte er sich im Kreis, klatschte in die Händchen und jauchzte laut auf. Dann lief er auf die Mutter zu und umarmte und küsste sie.
Die größte Freude daran aber hatte die Urgroßmutter, die am Ende ihres Lebens noch einmal die erste Weihnachtsfreude eines Kindes erlebte.

„Kinder des Lichtes“ - das können an der Krippe alte wie junge Menschen werden. Und *„Kyrieleis“* am Ende dieser Strophe kann sagen: Erbarm dich, Herr, und schenk uns und besonders allen, die im Dunkeln wandeln, dein Licht. Gib, dass es in den Herzen und Sinnen hell wird, dass wir froh werden und neuen Mut zum Leben gewinnen.

Die 5. Strophe bringt uns noch ein neues Bild nahe:

V. 5: Der Sohn des Vaters, Gott von Art, ein Gast in der Welt hier ward
und führt uns aus dem Jammertal, macht uns zu Erben in seim Saal. Kyrieleis.

Gott als Gast in dieser Welt. Das will sagen: In Jesus hat Gott unter uns gewohnt. Er hat diese Welt besucht. Er hat sich des Jammers der Menschen angenommen: Er hat Blinde sehend gemacht, die körperlich Blinden und die vor Selbstsucht Blinden; er hat Lahme geheilt, die körperlich Gelähmten und die in ihrem Gemüt Gelähmten; er hat Aussätzige rein gemacht, die Menschen mit einer unreinen Haut und die Menschen, die als Außenseiter wie Aussätzige behandelt wurden. Er führt uns aus dem Jammertal: Er will uns nicht nur bei dem einen oder anderen Unglück in unserem Leben beistehen, sondern er will uns den Himmel öffnen, den Blick über dieses Leben und über diese Zeit hinaus frei machen dafür, dass wir einmal ganz zu ihm gehören dürfen - ohne Schmerzen, ohne Qual, ohne Unfrieden, ohne Hass; dort, wo Gott selbst die Tränen abwischen will von unseren Augen.
Die 6. Strophe unterstreicht diesen Gedanken noch einmal:

V. 6: Er ist auf Erden kommen arm, daß er unser sich erbarm und in dem Himmel mache reich und seinen lieben Engeln gleich. Kyrieleis.

Dies ist erneut eine Quintessenz, eine Zusammenfassung des ganzen Evangeliums: Gott wird Mensch; der Höchste wird arm; er erbarmt sich, damit wir reich werden, ja, den Engeln gleich sein können.
Johann Sebastian Bach hat diese Strophe in sein Weihnachtsoratorium hinein genommen: Der Sopran des Chores singt langsam in Abschnitten die Choralmelodie. Die Solostimme des Basses bringt dazu das ganze Staunen über diesen Weg Gottes zum Ausdruck.
Und damit kommen wir zu dem dritten Grundgedanken, den uns dieses Lied nahebringt:

3. Das Kind macht uns zu Himmelsboten

Wer das Licht des Kindes empfangen hat, wer von seinem Erbarmen begleitet ist, der kann selbst sein Bote sein, ja der kann zum Engel werden. – Aber wäre das nicht eine Zumutung, ein Gedanke, der uns vollkommen überfordern muss? Ich meine, nein. Wer Liebe erfah-

ren hat, der kann Liebe ausstrahlen. Wer sich beschenkt weiß, kann schenken. Das große Weihnachtsgeschenk ist da für uns. Es liegt in der Krippe. Sein Licht und seine Wärme wollen uns ergreifen und durch uns weiterstrahlen.
In seinem Gleichnis vom Endgericht sagt Jesus von denen, die ihm gefolgt sind: „Ich bin hungrig gewesen, und ihr habt mir zu essen gegeben. Ich bin durstig gewesen, und ihr habt mir zu trinken gegeben. Ich bin ein Fremder gewesen, und ihr habt mich aufgenommen. Ich bin nackt gewesen, und ihr habt mich gekleidet. Ich bin krank gewesen, und ihr habt mich besucht. Ich bin im Gefängnis gewesen, und ihr seid zu mir gekommen.“ Und dann sagt er, wo und wann das geschehen ist; er sagt: „Was ihr getan habt einem unter diesen meinen geringsten Brüdern, das habt ihr mir getan.“ Wer von uns wüsste nicht einen Hungrigen, einen Fremden, einen Kranken, dem oder der er beistehen, die er begleiten könnte, für die er ein Himmelsbote sein könnte?
Wenn es in der 7. und letzten Strophe heißt:

V. 7: Das hat er alles uns getan, sein groß Lieb zu zeigen an.
Des freu sich alle Christenheit und dank ihm des in Ewigkeit.
Kyrieleis.

dann meint der Dank eben dies, dass wir die Liebe, die uns Gott schenkt, weitergeben.

Blättern wir abschließend im Gesangbuch noch einmal eine Seite zurück: Dort sehen wir ein Bild, in dem ein mittelalterlicher Künstler das Weihnachtsgeschehen in besonderer, symbolischer Weise zusammen gefasst hat: Da kommt das Christuskind auf einer großen Blüte daher, die seinen himmlischen Ursprung anzeigt. Es ist eine ernsthafte, kleine Gestalt, hinter der schon das roh gezimmerte Kreuz sichtbar wird, das ihm gleichsam mit in die Wiege gelegt ist. Es hat die eine Hand zum Segen erhoben und hält in der anderen Hand ein Spruchband mit dem Wunsch: „ein seliges gutes Jahr“.
Wenn wir daraus leben, dass Gott für uns ein Kind geworden ist,

dass dieses Kind uns das Licht schenkt und dass das Kind uns zu Himmelsboten macht, dann können wir mit ihm getrost in das letzte Jahr dieses Jahrtausends gehen.

Amen.

Auf, auf, mein Herz, mit Freuden

112

1

2 Er war ins Grab gesenket, / der Feind trieb groß Geschrei; / eh er’s vermeint und denket, / ist Christus wieder frei / und ruft Viktoria, / schwingt fröhlich hier und da / sein Fähnlein als ein Held, / der Feld und Mut behält.

3 Das ist mir anzuschauen / ein rechtes Freudenspiel; / nun soll mir nicht mehr grauen / vor allem, was mir will / entnehmen meinen Mut / zusamt dem edlen Gut, / so mir durch Jesus Christ / aus Lieb erworben ist.

4 Die Höll und ihre Rotten / die krümmen mir kein Haar; / der Sünden kann ich spotten, / bleib allzeit ohn Gefahr. / Der Tod mit seiner Macht / wird nichts bei mir geacht’: / er bleibt ein totes Bild, / und wär er noch so wild.

5 Die Welt ist mir ein Lachen / mit ihrem großen Zorn, / sie zürnt und kann nichts machen, / all Arbeit ist verlorn. / Die Trübsal trübt mir nicht / mein Herz und Angesicht, / das Unglück ist mein Glück, / die Nacht mein Sonnenblick.

6 Ich hang und bleib auch hangen / an Christus als ein Glied; / wo mein Haupt durch ist gangen, / da nimmt er mich auch mit. / Er reißet durch den Tod, / durch Welt, durch Sünd, durch Not, / er reißet durch die Höll, / ich bin stets sein Gesell.

7 Er dringt zum Saal der Ehren, / ich folg ihm immer nach / und darf mich gar nicht kehren / an einzig Ungemach. / Es tobe, was da kann, / mein Haupt nimmt sich mein an, / mein Heiland ist mein Schild, / der alles Toben stillt.

8 Er bringt mich an die Pforten, / die in den Himmel führt, / daran mit güldnen Worten / der Reim gelesen wird: / »Wer dort wird mit verhöhnt, / wird hier auch mit gekrönt; / wer dort mit sterben geht, / wird hier auch mit erhöht.«

Text: Paul Gerhardt 1647
Melodie: Johann Crüger 1647

Predigt am Ostersonntag, 12. April 2009
in der Chiesa Evangelica in Luino über das Lied
„Auf, auf, mein Herz, mit Freuden“
von Paul Gerhardt (1647)
EG 112

Liebe Gemeinde! „Auf, auf, mein Herz mit Freuden“: Für mich ist es das schönste Osterlied. Als ich elf und zwölf Jahre alt war, verbrachten mein jüngerer Bruder und ich die Ferien bei den Großeltern in ihrem Pfarrhaus in Schellerten, einem Dorf bei Hildesheim. Früh am Ostermorgen stiegen wir auf den Kirchturm, über den Glockenstuhl hinauf bis in die sich verjüngende Kirchturmspitze. Wir durften eine Luke herausnehmen und mit unseren Flügelhörnern die Osterchoräle über das Dorf blasen. Zuerst ertönte das „Christ ist erstanden“ – wir bliesen es einstimmig wie eine Fanfare. Und dann folgte als zweiter Weckruf „Auf, auf, mein Herz, mit Freuden“, eine Melodie, bei der eigentlich keiner im Bett liegen bleiben kann. Was mich schon damals an der Melodie von Johann Crüger begeisterte, war, dass es gleichsam ein Tanzlied ist, dass man das Herz förmlich hüpfen sieht – so wie auch in Martin Luthers Lied „Nun freut euch, lieben Christen gmein, und lasst uns fröhlich springen“. Dass der christliche Glaube eine fröhliche Sache ist, dass im Mittelpunkt unseres evangelischen Bekenntnisses eine Frohbotschaft steckt, nicht eine Trauerbotschaft: Wie kann das besser zum Ausdruck gebracht werden als in diesen Liedern?!
Die ersten beiden Zeilen unseres Liedes sind der Auftakt, sind die Überschrift zu einer großen, ja dramatischen Schilderung dessen, was zu Ostern geschehen ist und was Ostern für uns, ja für mich persönlich bedeutet:

> *Auf, auf, mein Herz, mit Freuden nimm wahr, was heut geschicht;*
> *wie kommt nach großem Leiden nun ein so großes Licht!*

Es ist ein fast ungläubiges Staunen, ein vollkommen unerwarteter Neuanfang, ein nie geahntes Licht nach dem großen Leiden, ein

Licht, das zuerst vor 2000 Jahren die Jünger erfasst hat, am dritten Tag nach der Kreuzigung Jesu, ein Licht, das die Welt und die Weltgeschichte verändert hat.
Paul Gerhardt denkt dem Ostergeschehen in drei großen Abschnitten nach, die er in dem Text des Liedes nacheinander entfaltet: Zunächst beschreibt er **die Ostergeschichte als dramatische Wende.** Dann führt er in den Versen 3-5 vor Augen, wie **die Osterfreude allen Mächten der Finsternis,** die es in unserer Welt gibt, **trotzt.** Und schließlich schildert er in den Versen 6-8, wie **der Weg eines Christen mit Christus durch Not und Tod zu Gott** führt. Und er bezieht das Geschehen immer auf sich persönlich und will alle Liedsänger, ja, jeden von uns, mit in das Geschehen hinein nehmen: **Ich** erlebe diese dramatische Wende. **Ich** kann mit der Osterfreude den Mächten der Finsternis trotzen. **Ich** kann mit Christus durch Not und Tod zu Gottes himmlischer Herrlichkeit durchdringen!
Das Erste, die **dramatische Wende,** spielt sich im Übergang von der ersten zur zweiten Strophe ab. Da heißt es zunächst:

Mein Heiland war gelegt da, wo man uns hinträgt,
wenn von uns unser Geist gen Himmel ist gereist.

An Karfreitag war alles trostlos. Alles schien zu Ende: Der, der die Liebe Gottes allen gebracht hat, der Kranke geheilt, Trostlose aufgerichtet, ausbeuterische Menschen zur Umkehr geleitet hat, ist tot. Und doch hat von Ostern her diese Trostlosigkeit auf einmal ein anderes Gesicht. Sie zeigt uns: Jesus ist an der Seite aller, die gestorben sind. Ihm, der Gottes Liebe allen gebracht hat, ist auch die äußerste Not und Verlassenheit nicht fremd, er hat sie erfahren, er hat sie auf sich genommen.
Und nun folgt in der zweiten Strophe der große Kontrast:

Er war ins Grab gesenket, der Feind trieb groß Geschrei;
eh er's vermeint und denket, ist Christus wieder frei
und ruft Viktoria, schwingt fröhlich hier und da
sein Fähnlein als ein Held, der Feld und Mut behält.

Die Mächte, die Jesus ins Grab gebracht haben, haben zu früh gejubelt. Der Stein vor dem Grab ist fort, er ist gleichsam zerrissen. Jesus lebt. Viele alte Altarbilder zeigen es uns: Das Grab ist leer. Die Grabeswächter liegen ohnmächtig da. Jesus zeigt sich, noch mit den Wundmalen von der Kreuzigung. Aber er schwenkt die Siegesfahne. Der Tod hat ihn nicht halten können. Dass dieses unglaubliche Geschehen kein Phantasiegebilde ist, machen uns die Ostertexte des Neuen Testaments selbst deutlich: Die Jünger müssen gegen alle Erwartung erst zu der Erkenntnis gewonnen werden: Mit Jesus ist es nicht aus. Seine Sache geht weiter. Ja, die frohe Botschaft gilt nun der ganzen Welt. Zunächst fliehen die Frauen noch vom Grabe. Die Jünger glauben ihnen nicht. Thomas will handfeste Beweise sehen. Aber dann werden sie überwältigt von der neuen Gewissheit. Besonders schön schildert es die Geschichte von den beiden Jüngern, die traurig auf dem Weg nach Emmaus sind. Jesus hat sie unerkannt begleitet, er hat ihnen sein Sterben aus der heiligen Schrift gedeutet. Und dann fällt es auf einmal wie Schuppen von ihren Augen: Der, der sie auf ihrem traurigen Weg begleitet hat, der, der ihnen das Brot gebrochen hat, ist Jesus! Die dunklen Mächte haben ihn nicht im Grab halten können!
Der Jubel darüber spricht aus der nächsten Strophe unseres Liedes:

Das ist mir anzuschauen ein rechtes Freudenspiel;
nun soll mir nicht mehr grauen vor allem, was mir will
entnehmen meinen Mut zusamt dem edlen Gut,
so mir durch Jesus Christ aus Lieb erworben ist.

Es ist ein Freudenspiel, das wir zu Ostern sehen können, das ganze Gegenteil zu einem Trauerspiel – ein Freudenspiel, das nicht nur die Jünger damals vor 2000 Jahren betrifft, sondern viele Jahrhunderte später ebenso Paul Gerhardt, ja, uns alle, wenn wir Jesus nachfolgen. Dabei ist Paul Gerhardt kein unrealistischer Träumer. Er dichtet diese Verse vor dem Hintergrund eigener schwerer Erfahrungen: Schon in jungen Jahren verlor er seine Eltern, später vier Kinder und schließlich noch die Ehefrau. Wie hätte ihm das allen Mut nehmen können! Und auch das Geschehen um ihn ist von Grauen geradezu gesättigt: Die Jahreszahl 1647 unter unserem Liedtext zeigt es an: Es ist noch der schreckliche 30-jährige Krieg im Gang, mit Rauben, Morden, Brandschatzen. Ganz Deutschland hat er bis auf weite Strecken entvölkert! Wie könnte einem das allen Glauben und alle Hoffnung rauben!

Aber Paul Gerhardt ist überzeugt: Der Ostersieg ist letztlich die größere Kraft, er bleibt das edle Gut, das ihn vor aller Verzagtheit rettet. Denn dass Jesus wieder lebt, dass er weiter wirkt, ist nicht nur eine neue Lebenschance für Einzelne. Es ist die Lebenshoffnung für alle, es ist der Sieg über die bösen Mächte schlechthin.

Paul Gerhardt kennt diese bösen Mächte, er nennt sie in der 4. Strophe beim Namen: „Die Höll und ihre Rotten“ – sie sind der Inbegriff für die widergöttlichen Mächte schlechthin. Die Sünde, das Handeln gegen Gottes Willen, ist längst nicht aus der Welt: Welche Hölle haben noch im letzten Jahrhundert Hitler und Stalin vielen Millionen Menschen bereitet, und wie wird heute noch gesündigt gegen Gottes gute Schöpfung, wie wird Profit gemacht mit Hass und Sensationslust! Und auch wir selbst: Dürften wir etwa sagen, dass wir nicht mit verflochten sind in Wirtschaftsverhältnisse, die unsere Lebensgrundlagen ausbeuten, dass wir nicht Güter konsumieren, die Menschen manchmal unter unmenschlichen Bedingungen hergestellt haben, dass wir nicht oft achtlos genug vorbeisehen und vorbeigehen am Leid anderer?!

Paul Gerhardt will uns in den Versen 4 und 5 klar machen, dass der Osterglaube einem jeden, einer jeden von uns eine andere Perspektive eröffnet:

Die Höll und ihre Rotten, die krümmen mir kein Haar;
der Sünden kann ich spotten, bleib allzeit ohn Gefahr.
Der Tod mit seiner Macht wird nichts bei mir geacht’:
er bleibt ein totes Bild, und wär er noch so wild.

Die Welt ist mir ein Lachen mit ihrem großen Zorn,
sie zürnt und kann nichts machen, all Arbeit ist verlorn.
Die Trübsal trübt mir nicht mein Herz und Angesicht,
das Unglück ist mein Glück, die Nacht mein Sonnenblick.

Mit Paul Gerhardt können wir fragen: Was ist denn realer, die Macht des Bösen oder die Lebensbotschaft Jesu? Was ist geblieben von den Tyrannen – von einem Nero, einem Diokletian, die die Christen verfolgt haben, von einem Stalin und einem Hitler – mit den Blutspuren, die sie gelegt haben? Letztlich ist ihre Arbeit verloren! Und was ist Bleibender als das Wirken derer, die Jesus konsequent nachgefolgt sind: ein Franz von Assisi, ein Albert Schweitzer, ein Martin Luther King, aber auch ein Mahatma Gandhi?

Die Verse 4 und 5 sind voll grotesker Gegensätze: Die bösen Mächte können mir kein Haar krümmen! Über die Sünde kann ich spotten! Der Tod bleibt ein totes Bild! Über die Welt mit ihrer Finsternis kann ich lachen! Und schließlich: „das Unglück ist mein Glück, die Nacht mein Sonnenblick.“ Ostern hat die Welt auf den Kopf gestellt.

Besonders satirisch, ja geradezu frech ist die Behauptung „Die Welt ist mir ein Lachen“! In der Kirche gab es früher den Brauch des Osterlachens. Scherze wurden in Predigten und Gottesdiensten gezielt eingesetzt, um die Gemeinde zum Lachen anzuregen: ein Weg, die Osterfreude zum Ausdruck zu bringen. Das Lachen zeigt die Überlegenheit und den Sieg über den Tod, weil sich der Tod an Christus gleichsam „verschluckt“ hat und nun der Lächerlichkeit preisgegeben ist.

Kennzeichnend für die Tyrannen in dieser Welt ist, dass sie kaum etwas mehr fürchten als das Lachen über sie. Sie fürchten weniger den gelegentlichen Witz als vielmehr, dass sie in die Lächerlichkeit gezogen werden. Die Mächte der Finsternis können die Heiterkeit, das gelöste Lachen nicht vertragen.

Was das Lachen positiv bewirken kann, erzählt mir immer wieder meine Tochter Luise, die als Schauspielerin auch als Clown in Kinderkrankenhäusern auftritt. Da können die Kinder den Späßen nicht widerstehen, da weicht dann auf einmal die Sorge, da treten Kinder

und Eltern aus dem Kreisen um sich selbst heraus, und oft werden die Heilungschancen sichtbar erhöht.
Mit der Osterfreude den Mächten der Finsternis trotzen: Das ist ein ganz wichtiger Teil der Osterbotschaft.
Und schließlich gilt auch das Dritte: Der Weg mit Christus führt uns durch Not und Tod zu Gott.

Der 6. Vers schildert diesen Weg mit drastischen Bildern:

> *Ich hang und bleib auf hangen an Christus als ein Glied;*
> *wo mein Haupt durch ist gangen, da nimmt er mich auch mit.*
> *Er reißet durch den Tod, durch Welt, durch Sünd, durch Not,*
> *er reißet durch die Höll, ich bin stets sein Gesell.*

Das Bild von Christus als dem Haupt und von uns als seinen Gliedern stammt aus den Paulusbriefen des Neuen Testaments. Es zeigt: Wir gehören unlösbar zu ihm. Er geht uns voran, wir werden von ihm mitgenommen, mit gezogen, ja mitgerissen.

Der Osterglaube sagt: Selbst die Hölle ist vor Christus nicht mehr sicher. Viele alte Osterbilder zeigen es: Christus dringt in das Reich des Bösen ein. Er ergreift die Hand Adams, der dort als Inbegriff der verlorenen Menschen weilt, und zieht ihn heraus. Tod, Sünde, Not, Hölle: All das hat Christus durchmessen, und wir sind seine Gefährten dabei.
Wir dürfen ihm folgen in die andere Welt, in die gute Welt Gottes:

> *Er dringt zum Saal der Ehren, ich folg ihm immer nach*
> *und darf mich gar nicht kehren an einzig Ungemach.*
> *Es tobe, was da kann, mein Haupt nimmt sich mein an,*
> *mein Heiland ist mein Schild, der alles Toben stillt.*

Der Blick auf den Saal der Ehren, auf den unvorstellbar schönen Ort Gottes, soll mich heraus holen aus dem Fixiert-sein auf das Unvoll-

kommene und Unschöne um mich herum. Er soll mich aber auch das schöne um mich herum entdecken lassen und als Sinnbild der himmlischen Heimat wahrnehmen lassen.
Und wenn ich singe „mein Heiland ist mein Schild, der alles Toben stillt", dann muss ich an Dietrich Bonhoeffer denken, wie er vom menschenverachtenden Regime der Nationalsozialisten gefangen gehalten und schließlich ermordet wurde. Im Advent 1944 wusste er, dass nicht nur das Attentat auf Hitler am 20. Juli vereitelt war, dass viele seiner Freunde bereits hingerichtet waren, sondern auch, dass durch den Aktenfund in Zossen klar war, wer alles in die Umsturzpläne eingeweiht war. In seiner Zelle in Berlin Moabit, abgeschnitten von fast allen Kontakten nach außen, schreibt er die Verse auf, die unendlich vielen Menschen Begleitworte des Trostes geworden sind: „Von guten Mächten wunderbar geborgen, erwarten wir getrost, was kommen mag. Gott ist mit uns am Abend und am Morgen und ganz gewiss an jedem neuen Tag." Und unmittelbar vor seiner Ermordung sagte er die letzten Worte: „Dies ist das Ende – für mich der Anfang des Lebens."
Eben dies führt nun noch die letzte Strophe unseres Liedes aus:

Er bringt mich an die Pforten, die in den Himmel führt,
daran mit güldnen Worten der Reim gelesen wird:
„Wer dort wird mit verhöhnt, wird hier auch mit gekrönt;
wer dort mit sterben geht, wird hier auch mit erhöht."

Es ist der Blick in die Himmelswelt Gottes, in die uns unser Glaube, in die uns das Zugehören zum auferstandenen Christus führen will. Hier werden nicht ausführlich die Paradiesesfreuden geschildert, sondern schlicht die Umkehr des Unheils in Heil, die Umkehr des Leidens in Freude benannt: Das ist gleichsam die Überschrift über das, was uns erwartet.
Es gilt all den Menschen, die als Sklaven gelitten haben, es gilt den Kindern, die als Kinderarbeiter schuften müssen, es gilt denen, die unter unheilbaren Krankheiten stöhnen, es gilt allen, die Unrecht und Unterdrückung erlitten haben und erleiden.

Paul Gerhardts Lied führt uns zu dieser Verheißung. Denn: Ostern ist die dramatische Wende. Die Osterfreude lässt uns den finsteren Mächten trotzen. Und Christus nimmt uns mit auf dem Weg durch Not und Tod zu Gott.
Und wir sollen im Licht dieser großen Hoffnung Licht und Freude in diese Welt tragen.

Amen.

Ein Licht geht uns auf in der Dunkelheit

555

1

2 Ein Licht weist den Weg, der zur Hoffnung führt,
erfüllt den Tag, daß es jeder spürt. *Kehrvers*

3 Ein Licht macht uns froh, wie sind nicht allein.
An jedem Ort wird es bei uns sein. *Kehrvers*

Text: Eckart Bücken 1986. Melodie: Detlev Jöcker 1986

Predigt am Pfingstsonntag, 31. Mai 2009
in der Chiesa Evangelica in Luino über das Lied

„Ein Licht geht uns auf in der Dunkelheit“

von Eckart Bücken (1986)
EG 555 (Regionalteil Württemberg)

Liebe Gemeinde! Was Pfingsten bedeutet, ist vielen unserer Zeitgenossen nicht mehr vertraut. Zu Weihnachten sind die Kirchen noch voll, und alle hören die bekannte Weihnachtsgeschichte. Das eigentliche Hauptfest der Christenheit – Ostern – kommt in der Breite unserer Bevölkerung allenfalls an zweiter Stelle. Aber wie viele hören und kennen noch die Pfingstgeschichte? Was bedeutet der Glaube an den Heiligen Geist? Dabei spielen in der weltweiten Christenheit die Pfingstkirchen eine zunehmende Rolle. Geisterfülltes Reden, auch Zungenreden weckt bei vielen Tausenden Begeisterung. Und unter den etwa 30 Liedern, die wir im Evangelischen Gesangbuch zu Pfingsten finden, sind ganz alte und ganz neue Gesänge.
Eines der neuen Lieder habe ich für uns heute ausgesucht. Es ist ein kurzes Lied, ein einfaches Lied, aber es lädt ein, über ganz viele Bezüge des Pfingstfestes und des Glaubens an den Heiligen Geist nachzudenken. Es stammt von Eckart Bücken, dem wir mehrere schöne und einprägsame Lieder in unserem Gesangbuch verdanken – Lieder wie das neue Abendmahlslied „Er ist das Brot, er ist der Wein ...“, „Gott gab uns Atem, damit wir leben ...“ , „All eure Sorgen, heute und morgen, bringt vor ihn, bringt vor das Kreuz.“ und „Liebe ist nicht nur ein Wort. Liebe, das sind Worte und Taten.“ – Eckart Bücken ist 1943 geboren, arbeitete als Diakon und Chorleiter und war in der kirchlichen Jugendarbeit, im Gemeindeaufbau und in der Fortbildung für Liedermacher, Bands und Musiktheatergruppen tätig. Lange Zeit war er Vorsitzender der Arbeitsgemeinschaft Musik in der Evangelischen Jugend (AGM). Er findet eine Sprache, die auf „konservativ-biblische Worthülsen“, wie er es selbst ausdrückt, verzichtet, andererseits doch wichtige Begriffe der christlichen Tradition neu zur Entfaltung bringt – und das möglichst auch so, dass Kinder es verstehen können, wie er mir selbst vor ein paar Tagen

am Telefon erläuterte. Das gilt auch für Pfingsten und den Heiligen Geist, wie unser Lied zeigt:

Ein Licht geht uns auf in der Dunkelheit,
durchbricht die Nacht und erhellt die Zeit.

Mit wenigen Worten weckt das Lied intensive Bilder. Folgen wir einmal diesen Bildern: Immer wenn es uns gelingt, einmal ganz früh morgens auf zu sein, wenn ringsum alles dunkel ist und vielleicht gerade ein Vogel schon einmal ein Lied anstimmt, ist es ein Erlebnis, wenn der erste Morgenschimmer an einem Ende des Himmels auftaucht, wenn die Welt um uns Konturen annimmt: Baum, Berge, See – wenn sich auf der einen Seite Helligkeit ausbreitet und auf der anderen Seite die Schatten kräftiger werden und wenn schließlich ein Sonnenstrahl alles plötzlich farbig macht: Kann man sich einen größeren Wandel vorstellen?!

„Ein Licht ... durchbricht die Nacht und erhellt die Zeit“: Das ist hier freilich noch in einem tieferen Sinne gemeint. Denn es bezieht sich auf die dunkelste aller Nächte, die die Jünger mit Jesus erleben mussten, auf die Nacht des Karfreitags: Jesus ist tot; der, der die Liebe Gottes verkörpert hat, lebt nicht mehr. Judas hat ihn verraten. Petrus hat ihn verleugnet, ein feiger Richter verurteilt. Jesu Freunde sind in die Verlassenheit und Verzweiflung hinein gestoßen. Alles scheint aus.

Und dann ist auf einmal das Neue da: unerwartet, von ungläubigem Staunen begleitet, erfahren die Jünger: Wir sind nicht mehr allein. Jesus ist nicht im Tod geblieben. Sein Licht leuchtet neu, heller als zuvor; es lässt sich nicht verdrängen. So wie der Sonnenstrahl am Morgen die Welt erleuchtet, so wird die Zeit unerwartet wieder hell.

Der Refrain unseres Liedes unterstreicht die neue Qualität des Lichtes.

Licht der Liebe, Lebenslicht,
Gottes Geist verlässt uns nicht.

Liebe und Leben: Beides hat Jesus aufleuchten lassen: „Blinde sehen, Lahme gehen, Aussätzige werden rein, Taube hören, Tote werden auferweckt und Armen wird das Evangelium verkündet“ (Matthäus 11,5; Lukas 7, 22) – was beim Propheten Jesaja versprochen wurde, das war in Jesu Auftreten Realität geworden. Die Nacht von Karfreitag hat es nicht töten können. Der Geist Gottes, der in Jesus gegenwärtig gewesen ist, ist neu da. Er verlässt die Jünger nicht. Wer von diesem Geist erfüllt ist, der kann eine wärmende, Vertrauen schaffende Liebe ausstrahlen. Das ist die Botschaft von Pfingsten, die in der zweiten Strophe unseres Liedes weiter geführt wird.

> *Ein Licht weist den Weg, der zur Hoffnung führt,*
> *erfüllt den Tag, dass es jeder spürt.*

Dieser Vers ist eine konzentrierte Zusammenfassung dessen, was zu Pfingsten geschah. Die Pfingstgeschichte, wie sie in der Apostelgeschichte erzählt wird, ist eine der schönsten Geschichten der Bibel: Die Jünger und Jüngerinnen wissen: Mit Jesus ist es nicht aus. Gott hat mit ihm die Macht des Todes durchbrochen. Und Jesus ist Herr über alle Mächte und Gewalten. Seine Botschaft soll weiter gesagt werden, ja, sie soll in alle Welt hinaus gehen. Aber wie sollen sie, diese kleine Gruppe einfacher Menschen, die Jesus gefolgt sind, das bewerkstelligen? Woher sollen sie den Mut, die Hoffnung nehmen – gegen alle Anfeindungen, mit denen sie rechnen müssen?

Und da geschieht am Pfingsttag das Überraschende: Der Ort, an dem sie alle beisammen sind, wird von Wind und Brausen erfüllt, Feuer-Zungen lassen sich auf den Jüngern nieder. Das alles sind Zeichen, die schon im Alten Testament das Erscheinen Gottes begleiten. Sogleich sind die Jünger vom Heiligen Geist erfüllt. Sie sind von einem Machtstrom durchdrungen, der von Gott ausgeht und weit über ihre beschränkte menschliche Kraft hinaus geht. Und jeder, der dabei ist, spürt, dass hier etwas Erstaunliches, Weltbewegendes passiert. Was dieser Geist bewirkt, das schildert die Apostelgeschichte in immer neuen Erzählungen: wie die einfachen Menschen aus Galiläa zu mutigen öffentlichen Predigern werden, wie sie Menschen aufrichten und Kranke heilen, wie sie vor dem Hohen Rat ihr Bekenntnis ablegen, wie sie mutig auch vor den Machthabern ihrer Zeit auftreten. Von einer solchen Erfahrung konnte mir vor 20 Jahren meine inzwischen leider verstorbene Frau Susanne berichten: Es war im Herbst 1989, als der Kirchenvorstand unserer Gemeinde Nürnberg-Zerzabelshof, dem sie angehörte, die Partnergemeinde in Gotha in Thüringen besuchte. Überall spürte man den beginnenden Umbruch in der DDR. In Leipzig liefen schon seit geraumer Zeit die Montagsdemonstrationen. Die Nürnberger wurden begrüßt mit der Ankündigung: Heute demonstrieren auch wir in Gotha gegen das Regime und besonders gegen die Stasi. Susanne hatte noch nie an einer Demonstration teilgenommen und ziemliche Angst vor solchen heiklen Massenauftritten. Man musste schon Mut und Hoffnung haben; denn keiner konnte sicher sein, dass ein solcher Akt ohne Gewalt und Blutvergießen verlief. Aber dann ging sie mit, eingerahmt von zwei Gothaer Freunden. Sie war am Ende des Zuges, und hinter ihr rollte ein Polizei-Jeep mit verdunkelten Scheiben. Aber die Demonstration verlief friedlich und führte bis vor das Stasi-Gebäude, bei dem alle Rollos herunter gelassen waren. Ihrer Erzählung spürte ich unmittelbar ab, wie es sie bewegt hat, dass hier Menschen, vom Geist Gottes geleitet, mit Mut und mit Visionen für einen Neuanfang konkrete Schritte gegangen sind und dabei Bewahrung erfahren hatten.

Ich denke, es ist wichtig, dass wir uns solche Beispiele und Erfahrungen immer wieder vor Augen führen: Gottes Geist kann an vielen großen und kleinen Stellen wirken, und wir müssen nur die Augen dafür öffnen: da, wo in Angst Mut gemacht wird, da, wo Kinder Liebe, Geborgenheit und Schutz erfahren, da, wo mit Fantasie Streit und Feindschaft überwunden wird, da, wo Mauern von Vorurteilen eingerissen werden.

Das Glaubenslied, das wir am Anfang unseres Gottesdienstes gesungen haben, spricht das in seiner dritten Strophe ganz zentral aus:

Gelobet sei der Herr, mein Gott, mein Trost, mein Leben,
des Vaters werter Geist, den mir der Sohn gegeben,

der mir mein Herz erquickt, der mir gibt neue Kraft,
der mir in aller Not Rat, Trost und Hilfe schafft.
(EG 139 V. 3, von Johann Olearius – 1665)

Das heißt: Im Heiligen Geist ist Gott mir personhaft nahe, steht er mir bei, hält er das Bild Jesu und seine Kraft in mir lebendig.
Damit wird auch deutlich, was für uns in unserem christlichen Glauben die Rede von der Dreieinigkeit Gottes bedeutet, die für viele Menschen, auch oft für Christen, eine schwierige Lehre ist. Ich halte sie aber für eine ganz zentrale christliche Glaubensüberzeugung. Wenn ich von meinen muslimischen Freunden gefragt werden, ob ich ihnen in Kürze einmal erklären könne, was wir mit der Dreieinigkeit meinen, greife ich dazu auf eine Formel zurück, die auch für das muslimische Gottesverständnis wichtig ist - die Formel „Allahu akbar“, die ja der Muezzin in seinem Ruf zum Gebet ausspricht. „Allahu akbar“ wird meist übersetzt mit „Gott ist groß“. Muslime haben mich aber darauf aufmerksam gemacht, dass in tieferem Sinne damit gemeint ist „Gott ist der Größte“, ja „Gott ist größer“ im Sinne eines unendlichen Komparativs: Gott ist größer als alles, was wir uns denken, uns vorstellen können.
„Gott ist größer“: Die Dreieinigkeitslehre verdeutlicht uns im christlichen Glauben, dass Gott als der Dreifaltige größer ist in dreifacher Weise: größer als wir uns eigentlich vorstellen können als der **Schöpfer**, der Erhalter und der Vater aller Menschen, größer als wir uns eigentlich vorstellen können als unser **Bruder** in Jesus Christus, in dem er in unsere menschliche Existenz hineingekommen ist und sie bis zum Letzten und Schwersten durchlebt und durchlitten hat und dann auferweckt wird zu neuem Leben, schließlich größer als wir uns eigentlich vorstellen können in seinem immer neuen Wirken durch den **Heiligen Geist**, der die Gnade unseres Herrn Jesus Christus und die Liebe Gottes unter uns lebendig machen will.

Einen weiteren Wesenszug des Glaubens an den Heiligen Geist macht Eckart Bücken in der dritten Strophe seines Liedes deutlich:

Ein Licht macht uns froh, wir sind nicht allein.
An jedem Tag wird es bei uns sein.

Dass die Jünger nicht allein sind, kommt in dem erstaunlichsten Zeichen des Pfingsttages zum Vorschein: Sie sind in der Lage, von den Menschen verstanden zu werden, die aus verschiedenen Teilen des großen Römischen Reiches zusammen gekommen sind und eigentlich ganz verschiedene Sprachen sprechen. Damit wird die Pfingstgeschichte zur Gegengeschichte gegenüber der Erzählung vom Turmbau zu Babel, als die Menschen für ihren Hochmut damit bestraft wurden, dass ihre Sprache sich verwirrt und dass die Völker einander nicht mehr verstehen.
Dieses Zeichen will sagen: Da, wo der Heilige Geist wirkt, werden Grenzen überschritten, da entschwindet die Fremdheit, da wird eine neue Gemeinschaft möglich.
Der Glaube an den Heiligen Geist will uns Christen zu einer beispielhaften Gemeinschaft machen, uns aber auch ein tiefes Bewusstsein von der Gemeinschaft der ganzen Menschheitsfamilie eingeben. Es will uns zu glaubwürdigen Partnern machen im Einsatz für Gerechtigkeit, Frieden und Bewahrung unserer Lebensgrundlagen, der heute Menschen in allen Religionen und ebenso den Menschen außerhalb der Religionen aufgetragen ist.
Martin Luther King hat dafür einmal ein eindrückliches Bild gebraucht. In einer Rede, in der er begründet, warum er nicht warten kann, wenn es um die Gleichberechtigung von Weißen und Schwarzen geht, erinnert er an die Anfänge der Kirche. Er sagt: „Es gab eine Zeit, in der die Kirche eine große Macht besaß.“ Damals „war die Kirche nicht lediglich ein Thermometer, das die Ideen und Leitbilder der öffentlichen Meinung registrierte, sondern ein Thermostat, der die Sitten der Gesellschaft wandelte. ... Ihre Zahl war klein, aber ihre Hingabe war groß. Sie waren zu sehr vom Geist des Herrn beseelt, als dass man sie ‚gewaltig einschüchtern' hätte können.“[1]
Dieses Bestimmtsein vom Geist Gottes kann sich im Großen wie im

[1] *M. L. King: Warum wir nicht warten können. Frankfurt a. M. 1965, S. 87ff.*

Kleinen zeigen: da, wo Kirchen Unmenschlichkeit und Ungerechtigkeit in der Gesellschaft aufdecken und Wege zu Menschlichkeit und Gerechtigkeit nicht nur anmahnen und fordern, sondern beispielhaft zeigen – und da, wo jeder und jede von uns beteiligt ist daran, dass Traurige getröstet, Mutlose aufgerichtet, Freudige gestärkt und Einsatzbereite nicht allein gelassen werden.
In unserem apostolischen Glaubensbekenntnis heißt es: „Ich glaube an den Heiligen Geist, die heilige, christliche Kirche, Gemeinschaft der Heiligen ...“
Wie wir das heute verstehen können, zeigt mir beispielhaft das Glaubensbekenntnis der Vereinigten Kirche Christi in Amerika. Da lautet der 3. Artikel folgendermaßen:

Seinen Heiligen Geist verleiht er (erg.: Gott) uns, jenen Geist, der die Kirche *Jesu Christi schafft und erneuert.*
Er vereint die Menschen aller Zeiten, aller Sprachen und Rassen in seinem Bund.
Er ruft uns in seine Kirche, damit wir die Kosten der Nachfolge tragen und ihre Freuden erfahren.
Er macht uns zu seinen Mitarbeitern im Dienst an den Menschen.
Er lässt uns der ganzen Welt seine Botschaft verkünden.
Er lässt uns widerstehen den bösen Mächten.
Er lässt uns teilhaben an Christi Taufe und lässt uns essen an seinem Tisch.
Er verbindet uns mit seinem Leiden und Sieg.
Er verspricht allen, die ihm vertrauen, Vergebung der Sünden und Gnade im Überfluss.
Er gibt Mut im Kampf um Gerechtigkeit und Frieden.
Er zeigt seine Gegenwart in Anfechtung und Freude.
Er lässt uns leben unter seiner Herrschaft, die kein Ende hat.
Ihm sei Lob, Ehre und Anerkennung!“

Eckart Bückens Lied hat noch eine 4. Strophe, die im offiziellen Gesangbuch (Regionalteil Württemberg) nicht abgedruckt ist, wohl aber im bayerischen Kindergesangbuch (München 1998) – vielleicht, weil sie Kinder leichter auf sich beziehen können als Erwachsene. Ich finde ihre Aussage aber so schön und bildreich, dass ich sie bewusst mit hinzugenommen habe. Denn manchmal begegne ich Menschen, die wie von dem Licht des Heiligen Geistes angesteckt sind, die eine Ausstrahlung haben, so, dass es um sie hell wird. Und vor diesem Licht können Furcht und Angst vergehen:

Ein Licht steckt uns an, macht uns selbst zu Licht.
Wir fürchten uns, weil wir leuchten, nicht.

Wenn es mir geschenkt wird, dass ich dieses Licht in mir spüre, dann kann das alle meine Sinne erfüllen: meinen Atem, meine Augen, meine Ohren, meine Hände – und mich in den Dienst Gottes stellen. So drückt es Eckart Bücken in einem anderen Lied aus, das mir wie eine Fortsetzung dieses Pfingstliedes erscheint und das wir jetzt gemeinsam singen wollen:

Gott gab uns Atem, damit wir leben ... (EG 432).

Amen.

Nun freut euch, lieben Christen g'mein

341

1

Dem Teufel ich gefangen lag, / im Tod war ich verloren, / mein Sünd mich quälte Nacht und Tag, / darin ich war geboren. / Ich fiel auch immer tiefer drein, / es war kein Guts am Leben mein, / die Sünd hatt' mich besessen. 2

Mein guten Werk, die galten nicht, / es war mit ihn' verdorben; / der frei Will haßte Gotts Gericht, / er war zum Gutn erstorben; / die Angst mich zu verzweifeln trieb, / daß nichts denn Sterben bei mir blieb, / zur Höllen mußt ich sinken. 3

Da jammert Gott in Ewigkeit / mein Elend übermaßen; / er dacht an sein Barmherzigkeit, / er wollt mir helfen lassen; / er wandt zu mir das Vaterherz, / es war bei ihm fürwahr kein Scherz, / er ließ's sein Bestes kosten. 4

Er sprach zu seinem lieben Sohn: / »Die Zeit ist hier zu erbarmen; / fahr hin, meins Herzens werte Kron, / und sei das Heil dem Armen / und hilf ihm aus der Sünden Not, / erwürg für ihn den bittern Tod / und laß ihn mit dir leben.« 5

Der Sohn dem Vater g'horsam ward, / er kam zu mir auf Erden / von einer Jungfrau rein und zart; / er sollt mein Bruder werden. / Gar heimlich führt er sein Gewalt, / er ging in meiner armen G'stalt, / den Teufel wollt er fangen. 6

Er sprach zu mir: »Halt dich an mich, / es soll dir jetzt gelingen; / ich geb mich selber ganz für dich, / da will ich für dich ringen; / denn ich bin dein und du bist mein, / und wo ich bleib, da sollst du sein, / uns soll der Feind nicht scheiden. 7

Vergießen wird er mir mein Blut, / dazu mein Leben rauben; / das leid ich alles dir zugut, / das halt mit festem Glauben. / Den Tod verschlingt das Leben mein, / mein Unschuld trägt die Sünde dein, / da bist du selig worden. 8

Gen Himmel zu dem Vater mein / fahr ich von diesem Leben; / da will ich sein der Meister dein, / den Geist will ich dir geben, / der dich in Trübnis trösten soll / und lehren mich erkennen wohl / und in der Wahrheit leiten. 9

Was ich getan hab und gelehrt, / das sollst du tun und lehren, / damit das Reich Gotts werd gemehrt / zu Lob und seinen Ehren; / und hüt dich vor der Menschen Satz,* / davon verdirbt der edle Schatz: / das laß ich dir zur Letze.« 10

*Satzung, Lehre

Text und Melodie: Martin Luther 1523

Predigt am Reformationstag, Sonntag, 31. Oktober 1999,
in der Evangelisch-Lutherischen Auferstehungskirche Nürnberg-Zerzabelshof über das Lied

„Nun freut euch, lieben Christen g'mein"

von Martin Luther (1523)
EG 341

Liebe Gemeinde! Neben dem Lied „Ein feste Burg ist unser Gott" ist vor allem das Lied „Nun freut euch, lieben Christen g'mein" mit diesem Tag - dem Reformationstag - eng verbunden. Mit Herrn Drechsel, unserem Küster, habe ich überlegt, dass er es wohl oft und oft angeschlagen hat bei den 30 Reformationsfesten, bei denen er in unserer Kirche Dienst getan hat. Es gibt auch kein weiteres Lied, in dem das, was Martin Luther erfahren und gelehrt hat, so kompakt zusammengefasst ist. Wenn wir seine Rechtfertigungslehre auf knappem Raum ausgedrückt finden wollen, dann müssen wir in dieses Lied hineinschauen. Damit passt das Lied natürlich auch besonders gut zu dem heutigen Tag, an dem in Augsburg die gemeinsame Erklärung der katholischen und der lutherischen Kirche zur Rechtfertigung unterschrieben wird.
Dabei ist es in seiner Art ein ganz und gar ungewöhnliches Lied. Als Martin Luther es 1523 schrieb, da war es eines der ersten evangelischen Kirchenlieder überhaupt. Und es muss revolutionär gewirkt haben.

Das merken wir schon in der ersten Strophe. Und wir merken es an der Melodie:
„Nun freut euch, lieben Christen g'mein, und lasst uns fröhlich springen". Das passt nun wirklich nicht zu einem getragenen Choral. Und die Melodie ist eigentlich eine Tanzmelodie! Das, was Martin Luther zu erzählen hat, ist so dramatisch, so fantastisch, dass man dazu eigentlich nur tanzen und springen kann und „mit Lust und Liebe singen" muss! Die frohe Botschaft, die gute Nachricht, die er bringt, soll mitreißen, sie soll sich in die Herzen hinein singen:

1. Nun freut euch, lieben Christen g'mein,
und lasst uns fröhlich springen,
dass wir getrost und all in ein
mit Lust und Liebe singen,
was Gott an uns gewendet hat
und seine süße Wundertat;
gar teu'r hat er's erworben.

Eine „süße Wundertat“ ist es, von der Martin Luther erzählen will. Er kann das nicht bei sich behalten, er muss es weitergeben. Dabei ist es überhaupt nicht selbstverständlich, dass er im Jahr 1523, als er dieses Lied dichtet und seine Melodie gestaltet, so frei heraus predigt, lehrt und schreibt.

Erst ein Jahr ist es her, seit er die schützenden Mauern der Wartburg verlassen hat, um in Wittenberg gegen die Bilderstürmer zu predigen. Eigentlich ist er noch in Acht und Bann, und nur weil sein Kurfürst die Hand über ihn hält, ist er einigermaßen sicher vor Verfolgung.

Aber Martin Luther ist erfüllt davon, dass die frohe Botschaft unter die Menschen kommen muss.

Die Menschen, die damals den lateinischen Messgesang kaum verstehen konnten, die im Gottesdienst meist nur Zuhörer und Zuschauer waren, sie sollen erfahren: Das Evangelium ist nicht fern von mir, in einer fremden Sprache; es gilt mir, mir ganz persönlich!

Luther ist überzeugt: Wir brauchen Lieder, die jeder mitsingen kann. Und dazu nimmt er Weisen, die wie eine Volksliedmelodie klingen, ja, das kann sogar eine Tanzmelodie sein wie in unserem Lied.

Diese ersten evangelischen Lieder haben sich rasant verbreitet. Dazu half der Buchdruck. Unsere Stadt Nürnberg hat dabei eine wichtige Rolle gespielt. Hier hat der Buchdrucker Jobst Gutknecht 1524 das „8 Lieder-Buch“ gedruckt, mit dem auch unser heutiges Lied schnell in das ganze Land hinausgetragen wurde.

Da konnte nun jeder lesen, singen und lernen, was die frohe Botschaft aus der Bibel ist.

Luther schildert das ganz plastisch. Es baut sein Lied auf wie ein

Drama mit verschiedenen Rollen:
Zuerst spricht der Mensch in der Ich-Form - „Dem Teufel ich gefangen lag"; dann, in Vers 5, spricht Gott mit Jesus; und schließlich, in Vers 7-10, spricht Jesus zu mir, zu dem Menschen.
Die frohe Botschaft ist nicht eine trockene Lehre, sondern sie ist ein Geschehen; sie betrifft jeden Menschen, sie betrifft mich!
Wir können das Lied-Drama in drei Akte einteilen. Der erste Akt handelt vom Elend des Menschen; der zweite spricht von dem Erbarmen Gottes; und der dritte erzählt vom Leiden und Sterben Jesu für uns.
1. Vom Elend des Menschen wird als erstes sehr drastisch gesprochen:

2. Dem Teufel ich gefangen lag,
im Tod war ich verloren,
mein Sünd mich quälte Nacht und Tag,
darin ich war geboren.
Ich fiel auch immer tiefer drein,
es war kein Guts am Leben mein,
die Sünd hatt' mich besessen.

3. Mein guten Werk, die galten nicht,
es war mit ihn' verdorben;
der frei Will hasste Gotts Gericht,
er war zum Gutn erstorben;
die Angst mich zu verzweifeln trieb,
dass nichts denn Sterben bei mir blieb,
zur Höllen musst ich sinken.

Uns mögen die Bilder, in denen Luther das Elend des Menschen beschreibt, altertümlich und fremd erscheinen. Für Luther aber drückt sich eine tiefe Lebenserfahrung darin aus:
Als er als junger Mann nah bei sich einen Blitz einschlagen sah, war er zu Tode erschrocken: Was könntest du jetzt anbieten, wenn du vor Gott treten und Rechenschaft über dein Leben abgeben müsstest?!

Hast du es wirklich nach seinem Willen geführt, oder nur nach dem, was dir selbst angenehm war?
Und dann trat er in das Kloster ein: Er wollte sich wirklich auf ein gottgefälliges Leben, auf gute Werke konzentrieren. Aber er musste erfahren: Die guten Werke halfen nicht; er konnte sich die Liebe Gottes nicht verdienen, wie sehr er auch fastete, betete und an sich arbeitete. Böse Gedanken waren nicht auszulöschen, die Angst vor dem strafenden, richtenden Gott verließ ihn nicht. Er sah sich zur Hölle sinken.
Uns steht das Elend des Menschen vielleicht anders vor Augen als Martin Luther – aber sicher nicht weniger drastisch. Tod und Teufel sind aus unserer Welt nicht entschwunden, auch wenn die Teufel oft sehr menschliche Gesichter haben – skrupellose Machthaber, Wirtschaftskriminelle, Fanatiker, Unterdrücker im Großen und im Kleinen. Und wie häufig sind wir von ihnen abhängig und können uns nicht gegen sie wehren. Da müssen wir feststellen, wie die Not, die uns begegnet, an unserem Inneren abprallt, dass wir beteiligt sind an der Ausbeutung unseres Planeten, dass wir das mutige Wort, die mutige Tat gegen Ungerechtigkeit und Unmenschlichkeit nicht finden.
Und auch die „guten Werke“, von denen in Vers 3 die Rede ist, haben in unserer Zeit ihre Entsprechung: wenn wir uns nur noch einschätzen nach dem, was wir schaffen und leisten können; wenn wir unser Heil an unseren Erfolg hängen; wenn wir wohlgefällig auf unsere Anständigkeit vor Gott blicken.
Wir fallen vielleicht nicht in die Verzweiflung, die Martin Luther ergriffen hat; aber wir müssen erkennen, wie sehr wir in das Unheil in dieser Welt eingebunden sind, wie wir die „heile Welt“ nicht produzieren können. Wenn wir einmal die starken Worte nehmen, mit denen Martin Luther seine Verzweiflung beschreibt, und sehen, wo es das in unserer Welt gibt: dass gequält wird, dass gestorben wird, dass gehasst wird, – und wenn wir sehen, wie begrenzt unsere Kraft und oft auch unser Wille ist, dagegen wirkliches Recht und Gerechtigkeit durchzusetzen, dann verstehen wir, wie man sich zermartern

kann darüber, dass wir Gottes Geboten immer wieder nicht gerecht werden.

2. Aber dann wechselt auf einmal der Blick: Er geht hinüber von der menschlichen Verzweiflung zu Gott. Diesen Wechsel hat Martin Luther selbst erfahren, als er die Bibel intensiv studierte. Er hat im Römerbrief des Apostels Paulus entdeckt, dass Gottes Gerechtigkeit anders ist, als wir uns Menschen seine Gerechtigkeit vorstellen. Dass Gottes Gerechtigkeit nämlich seine Barmherzigkeit ist; dass seine Gerechtigkeit bedeutet, dass er ein Vaterherz hat; dass er uns nicht nach unserer Sünde und unserem Unvermögen anschaut, sondern mit liebevollen, barmherzigen Augen; dass wir uns seine Gerechtigkeit nicht verdienen müssen, sondern dass er sie uns schenkt, uns anrechnet; und dass das der eigentliche, der ewige Wille Gottes ist:

4. Da jammert Gott in Ewigkeit
mein Elend übermaßen;
er dacht an sein Barmherzigkeit,
er wollt mir helfen lassen;
er wand zu mir das Vaterherz,
es war bei ihm fürwahr kein Scherz,
er ließ's sein Bestes kosten.

Martin Luther hat entdeckt: Gottes Barmherzigkeit ist größer, Gottes Vaterherz ist weiter als alle menschliche Not und Verzweiflung. Er wendet sich uns zu, bevor wir irgendetwas leisten müssen; er nimmt sich unserer Sünde und Verlorenheit an.
Und nun entfaltet Luther, was die „süße Wundertat“ ist, von der er schon in der 1. Strophe gesprochen hat: dass Gott sein Bestes, sein Liebstes, sein Herz auf die Erde schickt. Die Wundertat beginnt mit einem Gespräch im Himmel, in dem Gott das ganze Evangelium, die ganze frohe Botschaft vorwegnimmt:

5. Er sprach zu seinem lieben Sohn:
„Die Zeit ist hier zu erbarmen;
fahr hin, meins Herzens werte Kron,

und sei das Heil dem Armen
und hilf ihm aus der Sünden Not,
erwürg für ihn den bittern Tod
und lass ihn mit dir leben."

Und dann folgt in Vers 6 die Jesusgeschichte, wie wir sie aus den Evangelien kennen; Luther umreißt sie in ganz knappen, aber deutlichen Sätzen:

6. Der Sohn dem Vater g'horsam ward,
er kam zu mir auf Erden
von einer Jungfrau rein und zart;
er sollt mein Bruder werden.
Gar heimlich führt er sein Gewalt,
er ging in meiner armen G'stalt,
den Teufel wollt er fangen.

Luther erzählt diese Geschichte nicht als ferne Geschichte aus der Vergangenheit, sondern als Geschichte, die jetzt gilt, die mir gilt: Gottes Sohn kommt auf die Erde; er wird ein Kind, er wird mein Bruder.
Unscheinbar wirkt er, nicht als kriegerischer Feldherr, nicht als großer Machthaber; aber er bricht die Macht des Teufels und die Macht der Not, wenn er die Besessenen heilt, Blinde sehend macht, Aussätzigen die Reinheit schenkt - und wenn er verlorene Menschen zu sich ruft. Er selbst kann einmal frohlockend sagen: „Ich sah den Satan wie einen Blitz vom Himmel fallen".
Jesus geht uns den Weg durch Leid und Not voraus, und er geht ihn für uns.

3. Jesu Leiden und Sterben für uns, das ist das dritte große Thema in unserem Lied. Martin Luther fasst es in die Form einer Rede Jesu, die die vier letzten Strophen des Liedes durchzieht. Wir selbst werden hier von Jesus direkt angesprochen:

7. Er sprach zu mir: „Halt dich an mich,
es soll dir jetzt gelingen;

ich geb mich selbst ganz für dich,
da will ich für dich ringen;
denn ich bin dein und du bist mein,
und wo ich bleib, da sollst du sein,
uns soll der Feind nicht scheiden.

Jesus lebt für mich; und ich darf in der Liebe Jesu leben, von ihm gehalten, von ihm getragen. Das soll mir Kraft geben für jeden Tag und für jede Stunde; keine böse Macht, kein Feind darf sich dazwischen stellen. Damit ist das Böse nicht aus der Welt; es kann uns immer wieder noch den Atem und die Kraft rauben. Aber Jesus will bis in die letzte Not und die äußerste Verlassenheit an unserer Seite sein; er selbst hat sich vom Bösen angreifen, verletzen, ja töten lassen, wie Martin Luther es in Vers 8 beschreibt:

8. Vergießen wird er mir mein Blut,
dazu mein Leben rauben;
das leid ich alles dir zugut,
das halt mit festem Glauben.
Den Tod verschlingt das Leben mein,
mein Unschuld trägt die Sünde dein,
da bist du selig worden.

Hier muss man genau auf den Wortlaut achten. Es heißt nicht: „**Der** Tod verschlingt das Leben mein", sondern umgekehrt: „**Den** Tod verschlingt das Leben mein". Das ist die Botschaft von Ostern, vom Tag der Auferstehung: Der Tod kann Jesus nicht festhalten; nein, umgekehrt: Jesu neues Leben verschlingt den Tod. Der Tod hat keine letzte Macht mehr; Jesus lebt; die Todesmacht ist durchbrochen; Jesus lebt! Von Ostern her leuchtet mich neues Leben an, ist meine Sünde aufgehoben, ist meine Not von Gottes Liebe umfangen. Die Liebe, die Jesus den leidenden und verlorenen Menschen seiner Zeit gebracht hat, soll nun für alle gelten, universal!

Dass wir - jeder von uns - Anwälte der Liebe Gottes für die ganze Welt sein sollen - über alle Grenzen hinweg - darauf zielen die

Worte, die Jesus in den letzten beiden Strophen des Lutherliedes spricht:

9. Gen Himmel zu dem Vater mein
fahr ich von diesem Leben;
da will ich sein der Meister dein,
den Geist will ich dir geben,
der dich in Trübnis trösten soll
und lehren mich erkennen wohl
und in der Wahrheit leben.

und in der letzten Strophe:

10. Was ich getan hab und gelehrt,
das sollst du tun und lehren,
damit das Reich Gotts werd gemehrt
zu Lob und seinen Ehren;
und hüt dich vor der Menschen Satz
davon verdirbt der edle Schatz:
das lass ich dir zur Letze.“

Was es heißt, Jesus als Meister zu haben, von seinem Geist erfüllt sein, in Trübnis getröstet zu werden und dabei doch das Reich Gottes auszubreiten, möchte ich an der Geschichte eines unserer Freunde verdeutlichen, dessen Weg meine Frau und ich seit 30 Jahren begleiten.
Es ist ein katholischer Pater, Guiseppe Frizzi, Peppino nennen wir ihn als Freund, der aus einer kinderreichen italienischen Familie stammt.
Als junger begabter Priester kam er zu uns nach Münster und nahm an unserem Tanzkreis teil, weil er für seine spätere Jugendarbeit gerne Volkstänze gestalten können wollte.
Er schrieb eine Doktorarbeit im Neuen Testament, eine Auslegung, wie sie sicher im Sinne Martin Luthers gewesen wäre.
Danach arbeitete er in einer Armensiedlung in Lissabon – mit Kindern und Jugendlichen, mit denen er auch Volkstänze übte und so-

gar einen Preis beim Stadtwettbewerb gewann. Er lernte gründlich Portugiesisch, um dann in Mozambique in Afrika Dienst zu tun. Er ging dorthin, obwohl in dem Land Bürgerkrieg herrschte. 14 Tage vor seiner Ausreise verunglückte sein bester Freund dort tödlich auf einer Landmine.

Aber er ließ sich nicht beirren und reiste aus nach Mozambique. Er lebt dort bis heute unter einfachsten Verhältnissen mit den Menschen zusammen, zuerst noch unter der portugiesischen Kolonialherrschaft, dann in den schwierigen Zeiten der ersten Unabhängigkeit und des Bürgerkrieges. Längere Zeit musste er im Hausarrest verbringen, bis sich die Lage wieder besserte. Ein-, zweimal im Jahr kommt ein Brief zu uns; und jeder Brief endet mit den Worten „Amen, Alleluja". Er lernte die einheimische Sprache und Kultur intensiv mit den Menschen dort; und er vollbrachte im Laufe der Jahre ein Lutherwerk: Er übersetzte das Neue Testament in Macau-Xirima, die Sprache der Menschen dort - „damit das Reich Gotts werd gemehrt zu Lob und seinen Ehren", wie es in unserem Lied heißt.

Im letzten Jahr bekamen wir ein Päckchen aus Italien, wo seine Bibelübersetzung gedruckt wurde.

Ein Wirken im Stillen, in viel Trübnis, aber erfüllt vom Geist Jesu - nicht zur Ehre vor den Menschen, sondern als ein Same, der dort Frucht bringt, wo die Liebe Gottes ganz besonders gebraucht wird. Das Werk unseres Freundes ist uns ein besonders erfreuendes ökumenisches Zeichen an diesem Tag, an dem das Wesen der Liebe Gottes in der gemeinsamen Erklärung zur Rechtfertigungslehre neu und gemeinsam zur Geltung gebracht wird.

Und schauen wir uns um, ein jeder, eine jede von uns, wo und wie wir das in unserer Nachbarschaft und Freundschaft finden: ein Wirken im Stillen, manchmal unter ganz schweren Umständen, aber erfüllt vom Geist Jesu und der Liebe Gottes - dann denke ich, können wir alle Spuren entdecken, die etwas von der „süßen Wundertat" sichtbar machen, von der wir mit Lust und Liebe singen sollen.

Amen.

Wachet auf, ruft uns die Stimme ö

147

1

Matthäus 25,1–13; Jesaja 52,8

Zion hört die Wächter singen, / das Herz tut ihr vor Freude springen, / sie wachet und steht eilend auf. / Ihr Freund kommt vom Himmel prächtig, / von Gnaden stark, von Wahrheit mächtig, / ihr Licht wird hell, ihr Stern geht auf. / Nun komm, du werte Kron, / Herr Jesu, Gottes Sohn! / Hosianna! / Wir folgen all zum Freudensaal / und halten mit das Abendmahl. 2

Gloria sei dir gesungen / mit Menschen- und mit Engelzungen, / mit Harfen und mit Zimbeln schön. / Von zwölf Perlen sind die Tore* / an deiner Stadt; wir stehn im Chore / der Engel hoch um deinen Thron. / Kein Aug hat je gespürt, / kein Ohr hat mehr gehört / solche Freude. / Des jauchzen wir und singen dir / das Halleluja für und für. 3

* Offenbarung 21,21

Text und Melodie: Philipp Nicolai 1599
Satz Strophe 3: Nr. 535

Predigt zum Ewigkeitssonntag, 23. November 2008,
in der Evangelisch-Lutherischen Auferstehungskirche
Nürnberg-Zerzabelshof über das Lied

„Wachet auf, ruft uns die Stimme“

von Philipp Nicolai (1599)
EG 147

Liebe Gemeinde! „Wachet auf“ – mit drei großen Schlägen setzt die Melodie dieses Liedes ein, eine Melodie, die einem großartigen, ja gewaltigen Text korrespondiert. Das sind keine Alltagstöne. Das ist keine Alltagssprache. Wer in der Tradition unserer Kirche lebt, dem wird das Lied zum vertrauten geistlichen Schatz gehören, der uns seit Jahrhunderten begleitet. Es hat seinen Ort am Ende des Kirchenjahres, besonders am Ewigkeitssonntag. In der katholischen Kirche wird es in der Adventszeit gesungen – Advent, weil es ja ein Lied über die Ankunft, die Wiederkunft Jesu ist, auf die sich Advent ursprünglich bezieht.

Wenn ich genauer in den Text schaue, merke ich freilich: Das ist kein Lied aus dieser Zeit, kein Lied aus unserer gegenwärtigen Welt. Da erscheint vor unseren Augen eine mittelalterliche Stadt, mit Wächtern auf der Zinne. Da werden die klugen Jungfrauen gerufen, aus Jesu Gleichnis von den klugen und törichten Jungfrauen, wie sie uns an den Portalen mittelalterlicher Kirchen immer wieder begegnen. Jesus erscheint als Bräutigam, der in den Freudensaal zum himmlischen Abendmahl führt. Und das Gloria singen Menschen und Engel in der jenseitigen Stadt vor Gottes Thron, umgeben von Toren aus zwölf Perlen – ein nicht endendes Hallelujah!

Wie kommt es, dass mich diese alten Bilder und Symbole so sehr ansprechen, dass die Melodie mich erhebt, wie sie sich gleichsam von den gewichtigen Anfangstönen hinauf schwingt in Himmelshöhen? Ich kann dem „Gloria sei dir gesungen“, unübertroffen in Töne gefasst von Johann Sebastian Bach (und deshalb sogar vierstimmig abgedruckt gleichsam als Abschluss des Stammteils im Evangelischen Gesangbuch) nicht ohne Ergriffenheit zuhören oder den Satz mit seiner wunderbaren Tenorstimme im Posaunenchor selbst mit blasen. Bei der Trauerfeier für meine eigene liebe Frau geleitete er mich, meine Kinder und Enkel trostreich aus der Kirche.

Was macht das Faszinierende dieses Liedes aus? Warum hat es Menschen immer wieder in ihren Nöten und Hoffnungen bewegt? Warum wird dies Lied sogar der „König der Choräle“ genannt?

Wir müssen uns dazu einmal in die Entstehungszeit und die Entstehungssituation dieses Liedes hinein versetzen und mit dem Liederdichter Philipp Nicolai ein Stück seines eigenen Weges gehen.
Wir erleben Philipp Nicolai am Ende des 16. Jahrhunderts, mitten in der Zeit der Glaubenskämpfe nach der Reformation und zu Beginn der Gegenreformation. Philipp Nicolai hat nicht nur ein hartes persönliches Schicksal hinter sich, mit frühem Verlust der Mutter, Verlust von Geschwistern und einem Theologiestudium, bei dem er sich mühsam durchbeißen musste. Er steckt auch mitten drin in den Glaubenskämpfen. Als streitbarer Lutheraner wird er aus der Gemeinde Herdecke vertrieben, verfasst viele Streitschriften und lässt auch, als er nach Unna in Westfalen berufen wird, keine Gelegenheit zu Auseinandersetzungen mit Katholiken, besonders den Jesuiten, aber auch mit den Calvinisten aus.
Da bricht in Unna die Pest aus, und das übertrifft alles, was Philipp Nicolai an Schlimmem schon erleben musste. Er beschreibt das in einem Brief an seinen Bruder: *„Die Pest wütet furchtbar hier in der Stadt, täglich werden zwischen 14 und 20 Menschen beerdigt. Meinem lieben Kollegen habe ich vor ein paar Tagen die Leichenpredigt gehalten. Der Küster besucht die Kranken und ich predige. Ich bin durch Gottes Gnaden noch ganz gesund, wenn ich gleich von Häusern, die von der Pest angesteckt sind, fast umlagert bin und auf dem Kirchhof wohne. Beinahe 800 Menschen hat die Pest in dieser Stadt schon getötet.“*
Diese Erfahrung bringt eine Wende bei Philipp Nicolai. Sie lässt die Streitigkeiten zurücktreten. Was kann man den Menschen geben,

die dieses schreckliche Sterben hilflos erleben? Die Menschen brauchen Beistand, sie brauchen Trost. Und wo ist der eher zu finden als in den großen Bildern und Visionen der Bibel?! Philipp Nicolai beginnt zu schreiben, und es entsteht ein Büchlein, das die Menschen heraus führt aus den Ängsten und der Verzweiflung der Gegenwart und sie teilhaben lässt an der Hoffnung, die die Jesusgeschichten und besonders auch die Offenbarung des Johannes ausstrahlen. Er nennt das Büchlein „Freudenspiegel des ewigen Lebens" und erläutert in einer langen Titelbeschreibung, was die Leser erwartet:
„Freudenspiegel deß ewigen Lebens. Das ist: Gründliche Beschreibung deß herrlichen Wesens im ewigen Leben ... Auch ... wohlgegründte Anzeig und Erklärung was es allbereit für dem jüngsten Tag für schöne und herrliche Gelegenheit habe mit den außerwehlten Seelen im himmlischen Paradeiß. Allen betrübten Christen so in diesem Jammerthal das Elendt auff mancherlei Wege bauwen müssen zu seligem und lebendigem Trost zusammen gefasst."
Was Philipp Nicolai hier leistet, ist, dass er die Trauernden, die Geängstigten, die Leidenden gleichsam bei der Hand nimmt und ihnen den Trostblick über den Rand des Lebens hinaus gewährt: kein Blick auf drohendes Gericht und Verdammnis, sondern einzig auf das Schöne, Erlösende und Heile, das Gott am Ende für alle bereit hält. Und was er zeigen will, das gilt auch uns, wenn wir am Ewigkeitssonntag unserer lieben Verstorbenen gedenken, wenn uns die Leiden, die damit verbunden waren, vor Augen treten, wenn wir uns die Ängste und die Schmerzen vergegenwärtigen, die die Heimgegangenen auf ihrer letzten Wegstrecke begleiteten und die auch uns berührt und getroffen haben, und wenn wir fragen: Wo sind sie jetzt? Was bleibt uns von ihnen? Was erfahren sie jetzt?
Philipp Nicolai zeigt: Es gibt auch das ganz Andere. Diese Welt ist nicht alles. Gott ist größer, Er kann das Leid in Herrlichkeit verwandeln.

Er zeigt dies in drei großen Schritten, die wir in den drei Strophen des Liedes erkennen können:

Vers 1 können wir unter das Motto stellen: „Wachet auf",
Vers 2 unter das Motto: „Kommt zum Freudenmahl",
Vers 3 unter das Motto: „Singt das Gloria"

Zunächst Vers 1:

> *Wachet auf, ruft uns die Stimme der Wächter sehr hoch auf der Zinne, wach auf, du Stadt Jerusalem!*
> *Mitternacht heißt diese Stunde, sie rufen uns mit hellem Munde: Wo seid ihr klugen Jungfrauen?*
> *Wohlauf, der Bräut'gam kommt, steht auf, die Lampen nehmt! Halleluja! Macht euch bereit zu der Hochzeit, ihr müsset ihm entgegengehn!"*

„**Wachet auf**", das heißt: Wacht auf aus eurer Trauer, eurer Verzagtheit, eurem Kreisen um euch selbst. Wacht auf mit Jerusalem, mit dieser Stadt, die Gott als Symbol des Friedens aufrichten will gegen alle kriegerischen Realitäten, die auch gegenwärtig das irdische Jerusalem noch heimsuchen. Seid wie die klugen Jungfrauen. Rüstet euch aus mit dem Licht der Liebe Jesu, damit ihr bereit seid für ihn, der euch wie ein liebender Bräutigam entgegen kommt. Klammert euch nicht daran, dass der Erfolg und der Besitz in diesem Leben zum alles bestimmenden Lebenssinn werden. Denkt daran, wie Jesus schon auf Erden die Zeichen des Gottesreiches gesetzt hat: indem er Kranke heilte, Arme selig pries, Sünder und Ausbeuter in die Gemeinschaft zurück holte. Das lasst zu eurer Aufgabe in der Nachfolge Jesu werden. Führt euch vor Augen, wie Jesus selbst gesagt hat: „Was ihr einem unter diesen meinen geringsten Brüdern getan habt, das habt ihr mir getan."
Ich muss dazu an ein besonderes Ehepaar denken: an Karl-Konrad Graf von der Groeben und seine Frau Ria. Sie hatten nach dem Krieg ihr Gut und allen Besitz in Ostpreußen verloren und konnten nur mit einem Pferd in den Westen flüchten. Doch sie hatten das Glück, im wirtschaftlich wieder erstarkten Westdeutschland als Geschäftsleute zu Wohlstand zu gelangen. Graf von der Groeben sagte, er

sähe es nicht als unmoralisch an, viel Geld zu haben, wohl aber, das Geld ohne Verwendung für einen guten Zweck mit ins Grab zu nehmen. Und so hat er gleich zwei Stiftungen ermöglicht: die Stiftung Weltethos um Professor Hans Küng, die inzwischen weltweit daran wirkt, Verantwortungsbewusstsein für unseren einzigartigen Planeten und das Leben auf ihm zu wecken, und die Groeben-Stiftung, die abrahamische Foren für ein Zusammenwirken von Juden, Christen und Muslimen fördert. Hier werden mit einem Blick weit über das eigene Leben hinaus Hoffnungslichter angezündet.
Und wir können uns, jeder und jede von uns, fragen, wo wir Lichter anzünden können, um Jesus entgegen zu gehen. Wir können uns prüfen: Wo ist das Dunkel neben mir oder in meiner Nähe, dem ich begegne, Menschen, die allein oder in Sorgen sind, ein Dunkel, das ich durch eine hilfreiche Unterstützung, eine Geste, ein Gespräch, ein kleines Freudenzeichen aufhellen kann?

Die 2. Strophe lässt sich unter den Ruf stellen: **„Kommt zum Freudenmahl!“** Uns kann dabei wieder eine mittelalterliche Stadt oder Burg vor Augen stehen, die zum Bild und Ort der Freude werden:

> *Zion hört die Wächter singen, das Herz tut ihr vor Freude springen, sie wachet und steht eilend auf.*
> *Ihr Freund kommt vom Himmel prächtig, von Gnaden stark, von Wahrheit mächtig, ihr Licht wird hell, ihr Stern geht auf.*
> *Nun komm, du werte Kron, Herr Jesu, Gottes Sohn!*
> *Hosianna!*
> *Wir folgen all zum Freudensaal und halten mit das Abendmahl.*

Die Wächter haben hier nicht die Aufgabe, vor dem Feind zu warnen, sondern eine frohe Botschaft auszurufen. Und Zion, das hier für alle Gläubigen steht, erwartet nicht einen herrischen Burgherren, sondern einen Freund.
Schaut auf ihn, können wir uns sagen lassen. Er ist von Gnaden stark, von Wahrheit mächtig. „Von Gnaden stark“, das heißt: Seine Stär-

ke weist sich nicht durch Gewalt und Soldaten aus, sondern seine Stärke ist seine Gnade, ist seine Vergebung, ist seine liebende Zuwendung zu uns allen. – „Von Wahrheit mächtig“, das heißt: Seine Macht ist nicht die eines gewieften Wirtschaftsbosses, eine Macht, die sich durch Propaganda, durch Personenkult, durch raffinierte Darstellung in den Medien feiern lassen muss. Mächtig ist er in seiner Wahrheit: wenn er erscheint, muss alle Lüge, alle Verleumdung, alle Unwahrheit vergehen! Gnade und Wahrheit werden ein helles Licht, sie gehen auf wie ein Stern.

Und geführt werden wir zum Freudensaal, zur festlich gedeckten Tafel, an der alle Platz finden, so wie Jesus schon mit Zöllnern und Sündern zusammen gefeiert und damit gezeigt hat: Mit diesen Menschen gehöre ich im Angesicht Gottes zusammen. Da finden sich die Leidenden aller Welt ein, die Obdachlosen, die Hungernden, die Aids-Waisen, die Terror-Opfer und die, deren Leiden und Sterben wir hier bei uns begleitet haben: die, die wir in ihren letzten Wochen auf Intensivstationen besucht haben, die, die ein Unfall von unserer Seite gerissen hat, die, die nach einem langen Leiden erlöst wurden – und die, die viel zu früh von uns gegangen sind.

Und wie schön ist es, wenn hier schon Zeichen für ein Freudenmahl gesetzt werden: Die Friedenstafel, die es bei der Verleihung des Menschenrechtspreises in Nürnberg gibt, als einer Stadt, die sich ihrer Problemgeschichte mit den Nürnberger Rassegesetzen stellt und die nun alle Gruppen, die dem Zusammenleben der Kulturen und Religionen dienen, zusammen bringt, ist solch ein Zeichen. Ein Beispiel dafür ist mir aber auch, wenn hier die Muslime aus der Begegnungsstube Medina in ihrem heiligen Fastenmonat Ramadan die Freude des abendlichen Fastenbrechens mit den Obdachlosen in der Wärmestube teilen, wenn sie einmal nicht zu Hause oder in der Moschee das köstliche Mahl bereiten, sondern dort, wo die versammelt sind, die sonst oft viel Nacht um sich haben. Auch die Muslime sehen in Jesus ja ein Vorbild für die Güte und Liebe Gottes zu allen Menschen.

Der dritte und gewaltigste Aufruf unseres Liedes findet sich dann im dritten Vers: **„Singt das Gloria“**. Mit einem Chor aus Menschen- und

Engelszungen, mit einem Orchester voller Harfen und Zimbeln soll Gottes Ruhm gesungen werden.

> *Gloria sei dir gesungen mit Menschen- und mit Engelszungen,*
> *mit Harfen und mit Zimbeln schön.*
> *Von zwölf Perlen sind die Tore an deiner Stadt; wir stehn im*
> *Chore der Engel hoch um deinen Thron.*
> *Kein Aug hat je gespürt, kein Ohr hat je gehört*
> *solche Freude.*
> *Des jauchzen wir und singen dir das Halleluja für und für.*

Umgeben von den Toren der Stadt, jedes aus einer einzigen großen Perle, wie es der Seher Johannes in der Offenbarung beschreibt, stehen wir vor Gottes Thron – schöner, leuchtender, überwältigender als jeder Kaisersaal. Ein Bild der Herrlichkeit für jeden, der gelitten hat, der dahin gerafft wurde, der Folter und Tod erleiden musste. Und wer sitzt auf dem Thron? Es ist der, der als jüdisches Kind am Rande des römischen Reiches geboren wurde, aufgewachsen in der kleinen, bedeutungslosen Stadt Nazareth, der die Gebote in ihrem tiefen Sinn verstand und auslegte, der Gottes Liebe zu allen gebracht hat, besonders auch zu den Kindern, den Geächteten, den Gelähmten, der selbst angefeindet, verraten, gefangen genommen, gequält und in einem verleumderischen Prozess zu Tode gebracht wurde. Seine Auferstehung, sein neues Leben zur Rechten Gottes ist die große Hoffnung, ist die Vision einer Erlösung, eines Heilseins, einer freudevollen Gemeinschaft nach allem Leid. Kein Auge hat das je gespürt, kein Ohr hat das je gehört.
Der Dichter Hans Staiger hat das in einem neuen, modernen Gedicht auszudrücken versucht, das in der bayerisch-thüringischen Ausgabe unseres Gesangbuches hinter unserem Lied steht, und aus dem ich einige Zeilen wiedergeben will:

Ich sah „...ein großes gesinde, aus vielen völkern der erde, ... die ... breiteten vor ihm aus alle jahre der schmerzen..., und er beugte sich zu ihnen und ich sah ihn abwischen alle tränen von ihren augen, alles leid wusch er von ihrer haut, und ich sah sie steigen aus tränen ins lob, in allen sprachen der welt hörte ich singen: du bist unbestritten der herr, ehre, in allen zungen, ... und ich sah steine blühen und die zellen vom seestern bis zum embryo freuten sich, ... und er zog sie zu sich und sie waren bei ihm ohne ende.“

Dieses Bild des Himmels begegnet mir besonders, wenn ich eine orthodoxe Kirche betrete: Wenn Jesus Christus in der Kuppel Majestät, Vertrauen und Geborgenheit ausstrahlend herab blickt auf die Propheten und Apostel, auf alle Heiligen, die da dargestellt sind (siehe das Bild auf der vorletzten Seite des Bildanhangs in diesem Buch): Johannes der Täufer, der auf das Lamm Gottes hinweist, Maria, die Mutter, die mit Jesus gelitten hat, die Jünger, jede und jeder mit den Zeichen ihres Martyriums. Und in unserer rumänisch-orthodoxen Kathedralkirche in Nürnberg entdecke ich auf einmal auch Dietrich Bonhoeffer unter den himmlischen Zeugen. Unser Lied sagt uns: Da dürfen wir uns einreihen, da dürfen wir dabei sein, da dürfen wir das Gloria mitsingen.

Diese Vision und Hoffnung wünsche ich uns für alle, die uns voraus gegangen sind in die andere Welt, in der Christus auf uns wartet. Und ich wünsche sie für uns selbst, um in schweren Stunden getröstet und gestärkt zu sein. Und ich wünsche uns, dass wir, erfüllt von diesem Licht der Hoffnung, Hoffnung ausstrahlen können in diese unsere Welt und zu den Menschen um uns.

Amen.

Literaturhinweise:

Martin Rößler: Liedermacher im Gesangbuch, Bd. 1, Stuttgart ^{2}1992, S. 117-143.

Walther Eisinger: Philipp Nicolai. In: W. Herbst (Hg.): Komponisten und Liederdichter des Evangelischen Gesangbuchs. Göttingen 1999, S. 228-230.

Antje Rösener: Predigt über Lied 147,1-3: Wachet auf, ruft uns die Stimme ... 19. November 2006 (Volkstrauertag). Predigtpreis 2007. Verlag für die Deutsche Wirtschaft AG. www.predigtpreis.de

Gott mit uns auf dem Weg

O Gott, du frommer Gott

Erste Melodie

495

1

Zweite Melodie Leichter mit Capo III, siehe Vorwort

1

2 Gib, daß ich tu mit Fleiß, / was mir zu tun gebühret, / wozu mich dein Befehl / in meinem Stande führet. / Gib, daß ich's tue bald, / zu der Zeit, da ich soll, / und wenn ich's tu, so gib, / daß es gerate wohl.

3 Hilf, daß ich rede stets, / womit ich kann bestehen; / laß kein unnützlich Wort / aus meinem Munde gehen; / und wenn in meinem Amt / ich reden soll und muß, / so gib den Worten Kraft / und Nachdruck ohn Verdruß.

4 Find't sich Gefährlichkeit, / so laß mich nicht verzagen, / gib einen Heldenmut, / das Kreuz hilf selber tragen. / Gib, daß ich meinen Feind / mit Sanftmut überwind / und, wenn ich Rat bedarf, / auch guten Rat erfind.

5 Laß mich mit jedermann / in Fried und Freundschaft leben, / soweit es christlich ist. / Willst du mir etwas geben / an Reichtum, Gut und Geld, / so gib auch dies dabei, / daß von unrechtem Gut / nichts untermenget sei.

6 Soll ich auf dieser Welt / mein Leben höher bringen, / durch manchen sauren Tritt / hindurch ins Alter dringen, / so gib Geduld; vor Sünd / und Schanden mich bewahr, / daß ich mit Ehren trag / all meine grauen Haar.

7 Laß mich an meinem End / auf Christi Tod abscheiden; / die Seele nimm zu dir / hinauf zu deinen Freuden; / dem Leib ein Räumlein gönn / bei seiner Eltern Grab, / auf daß er seine Ruh / an ihrer Seite hab.

8 Wenn du die Toten wirst / an jenem Tag erwecken, / so tu auch deine Hand / zu meinem Grab ausstrecken, / laß hören deine Stimm / und meinen Leib weck auf / und führ mich schön verklärt / zum auserwählten Hauf.

Text: Johann Heermann 1630
Erste Melodie: Braunschweig 1648
Zweite Melodie: Regensburg 1675, Meiningen 1693

Predigt im Bläsergottesdienst am 26. Juli 1997 in der Evangelisch-Lutherischen Auferstehungskirche Nürnberg-Zerzabelshof über das Lied

„O Gott, du frommer Gott“

von Johann Heermann (1630)
EG 495

Liebe Gemeinde! Ist Ihnen aufgefallen, unter welchem Thema das Lied, das wir eben gesungen haben, in unserem Gesangbuch steht? Es ist das Thema „Arbeit“! Man könnte sich darüber doppelt wundern: Einmal könnte man sagen: Was hat denn das Thema „Arbeit“ in einem Choral zu suchen, in einem Kirchenlied, das doch viel eher die Anbetung und das Lob Gottes als solch ein Alltagsthema zum Inhalt haben sollte!? Man könnte aber auch umgekehrt fragen: Welches Thema trifft die Menschen heute denn mehr als das Thema Arbeit? Da gibt es viele, die gerne eine geregelte Arbeit hätten – und die in die Arbeitslosigkeit gestoßen sind. Da gibt es andere, die stecken gleichsam in einer Arbeitsmühle drin, die sie kaum zur Besinnung kommen lässt. Und es gibt glücklicherweise auch viele unter uns, die ihr Tagewerk, in Beruf, Familie oder ehrenamtlichem Dienst, gern und mit Befriedigung ausführen. Da muss es uns wundern, wie wenige Lieder zum Thema Arbeit in unserem Gesangbuch stehen: Ganze fünf sind es und – es sind alles alte Lieder! Im Vergleich dazu: Wir haben allein 30 Lieder zum Thema „Abend“ im Gesangbuch!
Umso aufmerksamer werden wir uns unser heutiges Lied anschauen: Kann ein Lied aus dem Jahr 1630 - also ein 367 Jahre altes Lied - uns heute noch wichtiges zum Thema Arbeit sagen? Mancher unter uns, der Vers 2 und 3 des Liedes aufmerksam mitgesungen hat, wird vielleicht schon gedacht haben: Was hier steht, das ist richtig; ja, darum muss ich Gott immer wieder bitten – auch wenn die Sprache, die Bilder zum Teil altertümlich erscheinen.
Dabei können wir gleich weiteres beobachten: Einmal: Das Lied nimmt das Thema Arbeit in ein Gebet hinein. Es nimmt den alten Wahlspruch der Benediktiner ernst: „Ora et labora“ – „Bete und arbeite“. Eins sollte nicht ohne das andere sein: Meiner Arbeit tut es

gut, wenn sie vom Segen des Gebetes begleitet wird, wenn sie nicht Selbstzweck ist; denn wie oft erleben wir es in unserer Zeit, dass es eine Arbeitssucht geben kann, dass man nicht nur von Alkoholikern reden kann, sondern auch von „workaholics“. Und auf der anderen Seite: Zum Gebet kann und soll die Arbeit hinzukommen – das Tun, das unserem Tag einen sinnvollen Rhythmus gibt, mit dem wir unser Leben und unsere Welt mitgestalten.

Und noch etwas können wir beobachten: Arbeit ist nur eines von mehreren Themen, über die unser Lied spricht. Das Lied beginnt mit dem Blick auf Gott als auf den Brunnquell guter Gaben. Und neben dem Thema Arbeit kommen die Themen Gesundheit, Leiden, Frieden und Freundschaft, Gut und Geld vor - und schließlich das Ende des Lebens und die Hoffnung auf die Auferstehung.

Man könnte sagen: Dieses Lied ist ein Gebet voll von Gottes- und Lebensweisheit. Und für seine Vielfalt ist es sehr passend, dass es gleich drei verschiedene Melodien dazu gibt. Die bekannteste Melodie, die wir als erste gesungen haben, passt gut zu den ersten drei Strophen, die ältere Melodie zu den Strophen 4-6 – und die dritte Melodie, die von Johann Sebastian Bach vertont wurde, zu den letzten beiden Strophen, die wir nachher singen wollen. Dem entsprechen auch drei Schwerpunkte, die in dem Lied gesetzt werden: Den 1. Teil des Liedes könnte man - nach dem Anfangsvers - unter das Motto stellen: „**Gesegnetes Tun**“, den 2. Teil des Liedes unter das Motto „**Glaubwürdiges Leben**“, den 3. Teil des Liedes unter das Motto „**Vertrauensvolles Hoffen**“: Gesegnetes Tun, glaubwürdiges Leben, vertrauensvolles Hoffen, darum bittet Johann Heermann in diesem Lied.

Wer war Johann Heermann? Sein Name wird zunächst wenigen von uns etwas sagen, obwohl er in den Lexika einmütig als der bedeutendste evangelische Liederdichter zwischen Martin Luther und Paul Gerhardt genannt wird. Manche von uns werden aufmerken, wenn sie hören, dass das Epiphaniaslied „O Jesu Christe, wahres Licht“ von ihm stammt, das bewegende Passionslied „Herzliebster Jesu, was hast du verbrochen“ und das Osterlied „Frühmorgens, da die Sonn aufgeht“ (mit seinen 15 Versen!). Und unter all diesen Liedern steht die Jahreszahl 1630. In diesem Jahr, mitten im schrecklichen 30-jährigen Krieg, hat Johann Heermann seine erste große Liedersammlung herausgegeben. – Gesegnetes Tun, behütetes und glaubwürdiges Leben, vertrauensvolles Hoffen – das, worum Johann Heermann in unserem Lied bittet, war für ihn alles andere als selbstverständlich; es war immer bedroht und gefährdet: Sein Leben lang hatte er mit schwacher Gesundheit zu kämpfen. In seinem Pfarramt in Köben an der Oder musste er sich ab 1634, noch nicht 50 Jahre alt, von einem Hilfsprediger vertreten lassen, vier Jahre später das Pfarramt ganz aufgeben. Dazu erlebte er die Grauen des Krieges und die Härten der Gegenreformation. In seinem Lied „Treuer Wächter Israel“ beschreibt er die Not und fleht um Hilfe. Es heißt dort: „Schau, wie große Not und Qual trifft dein Volk jetzt überall; täglich wird der Trübsal mehr. Hilf, ach hilf, schütz deine Lehr. Wir verderben, wir vergehn, nichts wir sonst vor Augen sehn, wo du nicht bei uns wirst stehn.“

Umso erstaunlicher ist, dass auch unser so positives, so vertrauensvolles Lied in dieser Notzeit entstanden ist. Es scheint, dass der Halt des Glaubens, die Wegweisung durch Gottes Wort, die Kraft der biblischen Bilder gerade vor dem dunklen Hintergrund des Krieges und der Glaubenskämpfe umso klarer hervortreten.

Das wird gleich deutlich, wenn wir die 1. Strophe betrachten: Sie eröffnet das Gebet und enthält die Grundlegung aller folgenden Bitten:

1. O Gott, du frommer Gott, du Brunnquell guter Gaben,
ohn den nichts ist, was ist, durch den wir alles haben;
gesunden Leib gib mir und dass in solchem Leib
ein unverletzte Seel und rein Gewissen bleib.

„O Gott, du frommer Gott“ – das ist eine sehr ungewöhnliche Gebetsanrede. Fromm-Sein, das ist doch die Haltung des Menschen Gott gegenüber. Aber kann Gott „fromm“ sein? Wir müssen die folgenden Worte hinzunehmen, um zu verstehen, was Johann Heermann meint, wenn er Gott als „frommen“ Gott anredet. Heermann spricht hier von Gott als dem Schöpfer – „ohn den nichts ist, was ist, durch den wir alles haben“. Und er gebraucht dazu das Bild von dem „Brunnquell“: So wie aus einem Quellbrunnen frisches, lebendiges, labendes Wasser hervorsprudelt, so kommen die wirklich guten Gaben von Gott, Gott, der allem das Leben gegeben hat und der die Menschen gesegnet hat. Johann Heermann kann Gott fromm nennen, weil Gott selbst sein Werk mit liebevoller Andacht betrachtet, weil er seine Geschöpfe achtet und mit Aufmerksamkeit begleitet. Johann Heermanns erste Bitte ist die Bitte um einen gesunden Leib. Das können wir gut mit vollziehen. Jedes Mal, wenn wir krank sind oder uns verletzt haben, erfahren wir, wie viel eingeschränkter wir sind, wenn uns die Körperkräfte fehlen, wie viel mutloser wir dann sein können und wie viel leichter das Leben ist, wenn auf unseren Körper Verlass ist. Wir können uns vorstellen, wie sehr sich Johann Heermann nach diesem Gottesgeschenk sehnt, da er zeitlebens mit körperlicher Schwäche und Anfälligkeit zu kämpfen hat. Und doch weiß Heermann auch, dass der gesunde Leib allein nicht ausreicht, sondern dass es auch auf eine unverletzte Seele und ein reines Gewissen ankommt: Wenn wir seelisch belastet sind und wenn uns Gewissenskonflikte umtreiben, dann kann uns das oft noch mehr lähmen als ein körperlicher Schmerz. Gesunder Leib, unverletzte Seele, reines Gewissen - das ist die hilfreiche Grundlage für ein gesegnetes Tun.

Und damit sind wir bei dem ersten Grundmotiv unseres Liedes, das im 2. und 3. Vers entfaltet wird.

2. Gib, dass ich tu mit Fleiß, was mir zu tun gebühret,
wozu mich dein Befehl in meinem Stande führet.
Gib, dass ich's tue bald zu der Zeit, da ich soll,
und wenn ich's tu, so gib, dass es gerate wohl.

Wenn Heermann hier von seinem „Stande“ spricht, dann hat er sicher seinen Beruf als Pfarrer vor Augen - ein Beruf, der damals wie heute durch eine Vielfalt von Aufgaben bestimmt ist, der Fleiß ebenso erfordert wie eine gute Zeiteinteilung: Gottesdienst, seelsorgerliche Begleitung, Unterricht, Gemeindeleitung - es ist oft nicht leicht, allem zugleich gerecht zu werden. Heutzutage aber stehen viele andere vor einer ähnlichen Vielfalt an Aufgaben und Herausforderungen wie unsere Pfarrer: Arbeit und Freizeit, Haushalt und moderne Technik, Mobilität, Reisen und ein Ehrenamt - das kann uns ganz schön beanspruchen - bis hin zu dem vollen Terminkalender, den viele Rentner unter uns haben!

Ein besonderer Wunsch von Johann Heermann ist hier: das Richtige zur richtigen Zeit zu tun - ein Wunsch, den wir ihm sehr nachempfinden können. Meine Schwiegereltern hatten Freunde, die kennzeichneten ihr Problem einmal so, dass sie sagten: „Wir Gölls arbeiten manchmal wie wild, nur um nicht das zu tun, was wir eigentlich tun müssten"! Die Fähigkeit zur richtigen Zeiteinteilung ist ein echtes Gottesgeschenk, das gleichzeitig Selbstdisziplin und Übung verlangt. Dietrich Bonhoeffer hat diese Tugend einmal mit folgenden Worten gekennzeichnet: „Nicht das Beliebige, sondern das Rechte tun und wagen, nicht im Möglichen schweben, das Wirkliche tapfer ergreifen, nicht in der Flucht der Gedanken, allein in der Tat ist die Freiheit ..." Und er hat von dieser Freiheit im Gefängnis geschrieben, oft nicht wissend, ob das, was er tat und sagte, wirklich zu einem guten Ende führen würde. Darum konnte er nur beten, wie es Johann Heermann in diesem Liede tut.

Zum gesegneten Tun gehört auch das, was Johann Heermann im Vers 3 anspricht:

3. Hilf, dass ich rede stets, womit ich kann bestehen;
lass kein unnützlich Wort aus meinem Munde gehen;
und wenn in meinem Amt ich reden soll und muss,
so gib den Worten Kraft und Nachdruck ohn Verdruss.

Diese Bitte muss uns gerade in Wahlkampfzeiten wichtig sein. Was wird da nicht alles geredet und behauptet, wie wird da hergezogen über andere, polemisiert und agitiert! „Lass kein unnützlich Wort aus meinem Munde gehen“ – das trifft aber auch jeden von uns: Wie oft reden wir Unnützes, wie oft erfahren wir, welche schlimme Wirkung ein unbedachtes Wort hat. Auch hierzu gibt es ein eindrucksvolles Beispiel aus dem Leben von Dietrich Bonhoeffer: In dem Predigerseminar der Bekennenden Kirche in Finkenwalde, das Bonhoeffer leitete, galt für die jungen Theologen, die dort ausgebildet wurden, die Grundregel, dass über einen anderen nur geredet werden durfte, wenn dieser selbst dabei war. Die angehenden Pfarrer haben diese Übung als sehr anstrengend empfunden und doch gleichzeitig bezeugt, dass es eine außerordentlich lehrreiche Pflicht war, um diszipliniert und wahrhaftig miteinander umzugehen. Wie, wenn wir dies für uns zur regelmäßigen Übung machten: über andere nur so zu reden, dass sie dabei sein könnten, ohne sich missverstanden oder herabgewürdigt zu fühlen! Denken wir einmal darüber nach, im Blick auf welche Menschen oder Menschengruppen es uns schwer fallen würde, uns an diese Regel zu halten - Menschen, die charakterlich schwierig erscheinen, Gruppen, die uns fremd und unheimlich sind; Glaubensgemeinschaften, die eine andere Grundeinstellung haben als wir.

„und wenn in meinem Amt ich reden soll und muss,
so gib den Worten Kraft und Nachdruck ohn Verdruss“:
Jeder, der auf der Kanzel oder hinter dem Katheder stehen muss, wird diese Bitte von Johann Heermann unmittelbar mit vollziehen können: Wir wünschen uns doch, dass unsere Worte klar und gezielt sind und dass sie bei denen, die uns zuhören, Gutes bewirken. Das richtige Wort zur richtigen Zeit: Das gilt auch für jede Sitzung des Kirchenvorstandes, für die Vereinsarbeit und für Kommissionen: nicht belanglos daherreden, das Wichtige vom Unwichtigen unterscheiden, vor allem auch: im richtigen Moment Kontroversen entschärfen können, mit Gelassenheit und einem humorvollen Wort Streithähne wieder zusammenbringen – und nicht verdrießlich zu werden, wenn sich die eigene Lieblingsidee nicht durchsetzen lässt. Damit kommen wir zu dem zweiten Grundmotiv unseres Liedes. Es ist die Bitte um ein behütetes und **glaubwürdiges Leben**:

4. Find't sich Gefährlichkeit, so lass mich nicht verzagen,
gib einen Heldenmut, das Kreuz hilf selber tragen.
Gib, dass ich meinen Feind mit Sanftmut überwind
und, wenn ich Rat bedarf, auch guten Rat erfind.

Johann Heermann stellt hier zwei Dinge zusammen, die wir normalerweise so nicht zusammen sehen: Kreuz und Heldenmut. Und er meint damit: Es braucht einen viel größeren Heldenmut, ein Kreuz zu tragen, als eine Schlacht zu gewinnen und einen Feind zu vernichten. Mir steht hier vor Augen, was ich einmal über die Beziehung des berühmten katholischen Theologen Teilhard de Chardin zu seiner kranken Schwester gelesen habe. Er war Theologe und gleichzeitig Evolutionsforscher, in vielen Ländern zu Hause, weltweit unterwegs, brachte Theologie und moderne Naturwissenschaft zusammen. Seine Schwester aber war Tag für Tag, Monat für Monat ans Bett gefesselt und auf ständige Hilfe angewiesen. In einem Brief schrieb Teilhard sinngemäß an seine Schwester: Ich erforsche die große und die kleine Natur in vielen Ländern mit all ihren Wunderbarkeiten. Du aber verwandelst auf deinem Krankenbett an jedem Tag Schmerz und Schwäche in gute Gedanken, in Lebensmut und in Trost für die Menschen, die zu dir kommen. Sag mir, wer von uns hat die größere Gottesgabe, die größere Gnade bekommen? – Ich denke, es gibt viel mehr Helden als wir ahnen, auch in unserer Zeit, die so leben und wirken: die ein Zeichen setzen für Mut und Hoffnung - gegen die vielen Beispiele von Mut- und Hoffnungslosigkeit.

Die Bitte, den Feind mit Sanftmut zu überwinden und guten Rat zu finden, gehört dann schon eng zusammen mit der 5. Strophe:

5. Lass mich mit jedermann in Fried und Freundschaft
leben,soweit es christlich ist. Willst du mir etwas geben
an Reichtum, Gut und Geld, so gib auch dies dabei,
dass von unrechtem Gut nichts untermenget sei.

Zunächst könnte man denken: Ist das nicht eine Einschränkung von Friede und Freundschaft, wenn dahinter steht: „soweit es christlich

ist“. Aber wir müssen genauer fragen: Was heißt hier denn „christlich“? Gemeint ist damit: Jesus Christus entsprechend. Und dann merken wir, wie weit das gemeint ist: „mit jedermann in Fried und Freundschaft leben“. Denn Jesus selbst hat uns ja in der Bergpredigt das Gebot der Feindesliebe gegeben. Er will uns dazu ermutigen, immer wieder unsere Fantasie anzustrengen, um Wege zu finden, wie wir mit anderen in Frieden und Freundschaft leben können, ja, wie aus Feinden Freunde werden können. Er selbst hat sich nicht nur den verlorenen Menschen in Israel zugewandt, sondern auch denen, die als Feinde des Volkes und des rechten Glaubens galten - und er hat am Kreuz sogar für die gebetet, die ihn ans Kreuz gebracht haben. Er ist den Weg der Feindesliebe vor uns und für uns gegangen; und er will uns als der Auferstandene und Lebendige zur Seite stehen, wenn wir Frieden und Freundschaft gegen alle Entzweiung und gegen allen Hass suchen.
Zum glaubwürdigen Leben gehört für Johann Heermann auch der Umgang mit Gut und Geld: Wie schwer ist es oft zu unterscheiden, wo in den Geldgeschäften unserer Zeit Ehrlichkeit, Aufrichtigkeit und vor allem: Solidarität mit den Armen leitend ist - und nicht die Gier nach Macht und Besitz, nach Einfluss und Bereicherung! Das Steigen der Aktienkurse einerseits, wo mit geschickter Spekulation riesige Gewinne gemacht werden können, das Steigen der Obdachlosenzahlen andererseits kann nicht der richtige Ausdruck einer gerechten Verteilung der Güter sein, mit denen Gott uns beschenkt hat. Verantwortlich mit Gut und Geld umgehen - das ist heute nicht nur eine Herausforderung an die Banken, sondern an einen jeden von uns, wie wir die Mittel verwalten und weitergeben, die uns anvertraut sind!
Glaubwürdiges und vor allem behütetes Leben ist ebenfalls Thema im nächsten Vers:

6. Soll ich auf dieser Welt mein Leben höher bringen,
durch manchen sauren Tritt hindurch ins Alter dringen,
so gib Geduld; vor Sünd und Schanden mich bewahr,
dass ich in Ehren trag all meine grauen Haar.

Ein gesegnetes Alter: Das ist in unserer Zeit ein vielleicht noch größerer Wunsch als zur Zeit von Johann Heermann – angesichts der gestiegenen Lebenserwartung, der viel längeren Zeiten, in denen man aktiv sein kann, aber auch der viel längeren Zeiten an Schwäche und Pflege, die sich oft ergeben. Wenn Johann Heermann darum bittet, vor Sünd und Schanden bewahrt zu werden, so können wir ergänzend bitten: Bewahr uns vor der Vernachlässigung von Geist und Seele, vor langem Siechtum - und schenk uns Menschen, die uns begleiten können, wenn unsere Kräfte nachlassen. Für viele Menschen in meiner Generation erhält da das 4. Gebot ganz neue Aktualität: „Du sollst deinen Vater und deine Mutter ehren ...“. Wie soll das geleistet werden, wenn die Pflegelasten einfach zu groß werden? Nachbarn und Freundeskreise alter Menschen bekommen da eine wichtige Aufgabe, zu unterstützen und zu helfen, damit die Familien nicht überlastet werden und auch im Alter die Würde der uns anvertrauten Menschen gewahrt bleiben kann. Und wir sollten uns den Protesten der Altenpfleger anschließen, denen oft nur noch Zeit zur körperlichen Versorgung der Pflegebedürftigen bleibt und nicht mehr zu einem Gespräch, zum Zuhören, zum Ermutigen und zum Trösten.

Vertrauensvolles Hoffen - das ist das Dritte, um das es in unserem Lied geht – und das wird besonders wichtig, wenn wir das Ende unseres Lebens betrachten und – als glaubende Menschen - über die Grenze unseres Todes hinausblicken auf das Leben bei Gott.
Für Johann Heermann ist das der Zielpunkt seines Liedes. Wir haben dazu eine dritte Melodie gefunden, die nicht im Gesangbuch steht, die aber Johann Sebastian Bach besonders schön vertont hat. Wir wollen sie jetzt einmal vom Posaunenchor hören, und Sie können dabei den Text im Stillen mitlesen, den wir dann im Anschluss an die Predigt auch singen wollen.

7. Lass mich an meinem End auf Christi Tod abscheiden;
die Seele nimm zu dir hinauf zu deinen Freuden;
dem Leib ein Räumlein gönn bei seiner Eltern Grab,
auf dass er seine Ruh an ihrer Seite hab.

8. Wenn du die Toten wirst an jenem Tag erwecken,
so tu auch deine Hand zu meinem Grab ausstrecken,
lass hören deine Stimm und meinen Leib weck auf
und führ mich schön verklärt zum auserwählten Hauf.

Aus diesen Versen spricht ein kindlich einfaches Vertrauen und Glauben, eine Hoffnung, in der Abschiedsstunde des Lebens nicht allein zu sein, sondern Christus an der Seite zu haben, eine Hoffnung, nicht von der Dunkelheit der Todesnacht umfangen zu bleiben, sondern in eine Heimat zu gelangen, in der Gott selbst alle Tränen abwischen will von unseren Augen. Welch lebensvolle Realität diese Hoffnung haben kann, haben wir in diesem Frühjahr in unserer Nürnberger Gruppe der Weltkonferenz der Religionen für den Frieden erfahren dürfen – beim Heimgang unseres muslimischen Freundes Ahmad El-Banna und beim Heimgang der Pfarrfrau Gisela Richter. Beide haben in ihrem Leben auf ihre Weise Grenzen geöffnet und Brücken zwischen den Konfessionen und Religionen gebaut. Beide fühlten sich getragen von Gott, der größer ist als alles, was wir verstehen und begreifen können. Ahmad El-Banna, der selbst in Jerusalem geboren ist, hatte mit seiner Frau Gerda das himmlische Jerusalem vor Augen, in das er heimkehren wollte. Und Gisela Richter hörte mit ihrem Mann Traugott auf das Jesuswort: „Meine Schafe hören meine Stimme und ich kenne sie und sie folgen mir und ich gebe ihnen das ewige Leben“ (Johannes 10,27-28). Die Abschiedgottesdienste für beide waren keine Trauerfeiern, sondern Hoffnungs- und Auferstehungsfeste. Sie haben hineingeleuchtet in unser Leben und uns neu Gott als den gezeigt, der uns als der fromme Gott mit liebevoller Andacht anschaut und der der Brunnquell aller guten Gaben sein und bleiben will.

Amen.

Vertraut den neuen Wegen

Leichter mit Capo III, siehe Vorwort

395

Vertraut den neuen Wegen / und wandert in die Zeit! / Gott will, daß ihr ein Segen / für seine Erde seid. / Der uns in frühen Zeiten / das Leben eingehaucht, / der wird uns dahin leiten, / wo er uns will und braucht. 2

Vertraut den neuen Wegen, / auf die uns Gott gesandt! / Er selbst kommt uns entgegen. / Die Zukunft ist sein Land. / Wer aufbricht, der kann hoffen / in Zeit und Ewigkeit. / Die Tore stehen offen. / Das Land ist hell und weit. 3

Text: Klaus Peter Hertzsch 1989. Melodie: Lob Gott getrost mit Singen (Nr. 243)

Dialogpredigt Fridolin Förster / Johannes Lähnemann
am Sonntag, 13. Juni 1999,
in der Evangelisch-Lutherischen Auferstehungskirche
Nürnberg-Zerzabelshof über das Lied

„Vertraut den neuen Wegen"

von Klaus Peter Hertzsch (1989)
EG 395

J. Lähnemann:
Liebe Gemeinde! Sie haben eben mit uns dieses Lied gesungen: ein neues Lied auf eine sehr vertraute alte Melodie. Die Melodie von „Lob Gott getrost mit Singen" passt in ihrer klaren, offenen, zuversichtlichen Weise sehr gut zu der Aufforderung „Vertraut den neuen Wegen".
Das Lied lässt uns vorausschauen. Man könnte sagen: Es ist ein Zukunftslied. Und das ist auch ein Grund, weswegen wir es mit unserem Posaunenchor für diesen Gottesdienst ausgesucht haben. Denn es gibt kaum ein Jahr, in dem so viel über die Zukunft gesprochen wird wie in diesem: vor dem Jahr 2000.

F. Förster:
Aber passt das Lied mit dem, was es sagt, zu den Zukunftsblicken, wie wir sie gegenwärtig erleben? – Ein so vertrauensvolles, zuversichtliches, ermunterndes Lied?!
Neben mancher Hoffnung gibt es gegenwärtig doch auch viel Ungewissheit und Angst:
- Wird unsere Erde bewohnbar bleiben?
- Werden die Konflikte eingedämmt werden können oder steht uns ein „Zusammenprall der Kulturen" bevor, wie ihn der amerikanische Politologe Samuel Huntington vorhersagt - mit neuen Konflikten und Kriegen?
- Versinken ganze Kontinente in Armut oder kann mehr Gerechtigkeit und Menschlichkeit erreicht werden?
- Gibt es für die künftigen Generationen noch Werte wie Treue, Verlässlichkeit, Wahrhaftigkeit, Glaube und Verantwortung vor

Gott oder nehmen Egoismus, Individualismus und Orientierungsbeliebigkeit überhand?
Das Lied von Klaus Peter Hertzsch atmet demgegenüber Aufbruchsstimmung und Hoffnung. Wie passt diese Vision zu der Wirklichkeit, wie wir sie erleben? Was führt den Liederdichter zu seinem vertrauensvollen Blick in die Zukunft? Welche Erfahrung drückt sich darin aus?

J. Lähnemann:
Wenn man auf die Jahreszahl unter unserem Lied blickt – 1989 – und weiß, dass Klaus Peter Hertzsch praktischer Theologe in Jena ist, dann denkt man natürlich sofort: Das ist ein Lied, genau in den Wendemonaten der DDR entstanden – in jenen Monaten, die 40 Jahre SED-Herrschaft zu einem Ende brachten, als sich neue, unerwartete Wege anbahnten, als sich Tore zu öffnen begannen.
Klaus Peter Hertzsch hatte in Jena schon lange für eine Kirche gearbeitet, die Minderheit geworden war, eine Kirche, die dem Staat mit seinem Atheismus gegenüberstand und mit den kleinen Gruppen der Christenlehre und in den kleinen Gemeinden Anwalt des Glaubens und der Menschlichkeit sein wollte. Eine Kirche, die entgegen der staatlichen Politik über Gerechtigkeit, Friede und Bewahrung der Schöpfung nachdachte. Eine Kirche, die im Aufbruchsprozess Ende der 80er Jahre auf einmal neu gefragt ist: Sie muss oppositionelle Gruppen unterstützen, Menschen, die aufbegehren, begleiten, intensiv über die Zukunft nachdenken.
Dabei hat Klaus Peter Hertzsch dies Lied gar nicht einmal als Lied zur „Wende“ verfasst. Es war zunächst ein privater Anlass: Ein junges Paar hatte ihn gebeten, ein Lied zu ihrer Trauung zu dichten: „Vertraut den neuen Wegen ...; wandert in die Zeit“ – das passt ja auch wirklich gut zu einer Trauung! Aber dann waren bei der Trauung in Jena viele Gäste aus Ost und West. Die haben das Lied kopiert mitgenommen, und so wurde es schnell an vielen Stellen bekannt. Und natürlich wurde es in den Aufbruchsmonaten damals als Lied gesungen und verstanden, das für ein neues Miteinander, für eine neue Öffnung bereit macht: nicht stehen bleiben, gehen, sich auf

den Weg machen: Gott ist mit euch! - Das ist keine abgesicherte, gerade Bahn, sondern es müssen ganz neue Schritte gewagt werden, es soll Stück für Stück die Zukunft neu entdeckt werden.

F. Förster:
Kann aber das, was damals für ein Brautpaar gedichtet wurde und was so überzeugt in den Wende-Monaten gesungen wurde, auch heute gelten
- angesichts mancher ausgebliebener Hoffnung der Menschen in Ostdeutschland,
- angesichts der Vertreibung und Zerstörung in Serbien und im Kosovo, die uns allen vor Augen steht,
- angesichts neuer Beispiele von Gewalt in unseren Städten und Dörfern?
Gibt es in diesem Lied Leitbilder, die uns bleibend aufrichten und helfen können?

J. Lähnemann:
Wenn wir genau in das Lied hineinblicken, entdecken wir in ihm Leitbilder, die aus der Bibel stammen, Bilder aus ganz alter Zeit, die aber dabei viel Offenheit und Zukunftszuversicht in sich tragen.
Wir können sie in drei Sätzen bündeln - drei Aufrufen, zu jedem Vers einen:
V. 1: Folgt Abraham und blickt auf den Regenbogen!
V. 2: Lasst euch dahin leiten, wo ihr Segen und Licht für diese Erde sein könnt!
V. 3: Vertraut Gott, der uns in Jesus Christus entgegenkommt!

F. Förster:
Lassen Sie mich mit dem ersten beginnen: Folgt Abraham und blickt auf den Regenbogen!

Vertraut den neuen Wegen, auf die der Herr uns weist,
weil Leben heißt: sich regen, weil Leben wandern heißt.
Seit leuchtend Gottes Bogen am hohen Himmel stand,
sind Menschen ausgezogen in das gelobte Land.

Es ist zuerst Abraham, der auf Gottes Wort hin ausgezogen ist: aus seiner Heimat, von seiner Verwandtschaft, aus seines Vaters Haus - in das Land, das Gott ihm zeigen wollte. Seit Abraham sind Menschen, die Gottes Wort folgen, wandernde Menschen, Menschen, die Neues wagen, die in neue Räume vordringen.
Damit kann Gottes Wort an Abraham auch gut ein Wort für den Beginn einer Ehe, für ein junges Paar sein, das mit der Trauung einen ganz neuen, eigenen Weg des Zusammengehörens wagt, auf dem es keine Sicherheit gibt - nach dem Motto: Es wird schon alles gut werden! - aber das darauf vertraut, dass Gottes Beistand durch Höhen und Tiefen geleiten kann.

J. Lähnemann:
Sich an Abraham erinnern - ich denke, das gilt noch viel weiter: Abraham ist ja der Vater des Glaubens, die Gestalt, an der sich nicht nur Juden und Christen, sondern auch Muslime orientieren. Wenn wir uns an Abrahams Beispiel halten, dann gehen wir neue Wege - und das heißt für Juden, Christen, Muslime nun auch: Wir gehen Wege aufeinander zu! Wir wagen es, Grenzen zu überwinden, uns neu zu begegnen und kennenzulernen. Da gibt es noch viele Ängste, viel Fremdheit, da gibt es in jeder Religion Menschen, die starr festhalten an Vorurteilen, Abwehr und Abgrenzungen. Dagegen steht der Regenbogen, Gottes Zeichen für alle Menschen. Wenn Sonne und Regen das Spiel der Farben leuchtend an den Himmel malen, dann erinnert uns das an Gottes Treue über alle Grenzen der Völker und der Religionen hinweg. Ähnlich ist das mit dem Bild vom gelobten Land: das Land, in dem Schwerter zu Pflugscharen umgeschmolzen werden, in dem Feindschaft und Hass überwunden sind, in dem wir uns nicht mehr vor einem Zusammenprall der Kulturen fürchten müssen, sondern in versöhnter Verschiedenheit miteinander leben können. Natürlich gibt es für uns dieses gelobte Land nicht als Paradies auf Erden, aber der Blick dorthin weist uns die Richtung, lässt uns die ersten Schritte gehen; und wer sie gegangen ist, kann in der Begegnung viele ermutigende und bereichernde Erfahrungen machen!

F. Förster:
Damit kommen wir zu dem Zweiten:
Lasst euch dahin leiten, wo ihr Segen und Licht für diese Erde sein könnt!
Klaus Peter Hertzsch entfaltet das in der 2. Strophe:

2) Vertraut den neuen Wegen und wandert in die Zeit!
Gott will, dass ihr ein Segen für seine Erde seid.
Der uns in frühen Zeiten das Leben eingehaucht,
der wird uns dahin leiten, wo er uns will und braucht.

Wenn ich höre „Wandert in die Zeit“ - da sehe ich mein Leben vor mir, die Tage, die vor mir liegen, die ich zwar planen muss und will, deren konkretes Aussehen ich aber nicht kenne. Ich wandere ja ständig von der Gegenwart in die Zukunft. Beim „Wandern in die Zeit“ haben wir immer wieder Hoffnungen, aber wir haben auch Unsicherheiten und Ängste: Wird uns der nächste Schritt gelingen, wird er uns nicht überfordern? So empfinden es schon Kinder vor dem Schulbeginn, junge Menschen vor dem Schulabschluss, Lehrlinge vor dem Berufsbeginn, ein junges Paar vor der Trauung, Eltern bei der Erwartung ihres Kindes; so geht es mir, wenn ich meine letzten Berufsjahre vor mir sehe und den Übergang in den Ruhestand; so geht es uns, wenn wir das Alter vor uns haben und an den Abschied von unserem Leben denken.

J. Lähnemann:
Klaus Peter Hertzsch erinnert uns hier daran, dass wir im Glauben davon wissen: Gott hat uns das Leben geschenkt, nicht wir selbst haben es hervorgebracht. Er will uns begleiten durch gute und durch schwere Zeiten hindurch – so wie es der Beter in Psalm 23 ausdrückt: „Und ob ich schon wanderte im finstern Tal, fürchte ich kein Unglück; denn du bist bei mir, dein Stecken und Stab trösten mich.“ Und er will uns die Augen dafür öffnen zu sehen, wo wir von Gottesboten begleitet sind. Überall können sie uns begegnen: in einem Verwandten, einem Freund/einer Freundin, in einem Lehrer,

einem Schüler, in einem Arzt, einer Krankenschwester oder auch in jemand, der unsere Hilfe und unseren Beistand braucht.

F. Förster:
Wer von dieser Begleitung weiß, der kann zum Segen für diese Erde werden, gerade weil er sich nicht nur auf die eigene Kraft und Vollkommenheit verlassen muss. Der kann sich nüchtern fragen: Wo liegt meine Begabung, wo liegt meine Aufgabe, die zum Segen für andere werden kann? – vielleicht in der Kraft meines Denkens, in meiner Fähigkeit zuzuhören, in meinem Humor oder in meiner Ernsthaftigkeit, in meiner Begabung zuzupacken und zu planen - oder einfach in meiner Gabe, Freundlichkeit auszustrahlen. Wer erlebt, wie das Lächeln eines fünf Monate alten Babys Herzen öffnen kann, wie es Trauer und Sorge lindern kann, der weiß, dass Segen für diese Erde nicht nur von den großen Leistungen ausgehen kann – das sicher auch –, sondern wie dieser Segen im Kleinen aufblüht, wie er es durch einfachste Zuwendung unter uns hell und warm machen kann!

J. Lähnemann:
Die weiteste und tiefste Dimension der Zukunft begegnet uns dann allerdings in der 3. Strophe des Liedes von Klaus Peter Hertzsch:

3) Vertraut den neuen Wegen, auf die uns Gott gesandt!
Er selbst kommt uns entgegen. Die Zukunft ist sein Land.
Wer aufbricht, der kann hoffen in Zeit und Ewigkeit.
Die Tore stehen offen. Das Land ist hell und weit.

F. Förster:
Wenn ich die dritte Strophe singe, regen sich zwei Gefühle in mir: einmal der Wunsch, die offenen Tore zu durchschreiten, das helle und weite Land zu entdecken, die Leichtigkeit der Bewegung mitzumachen und so die Zukunft gewissermaßen in die Hand zu nehmen. Das andere Gefühl ist: Kann es immer nur vorwärts gehen? Ist da keine Bank, die zum Ausruhen einlädt? Wo sind die Rastplätze zum Verschnaufen, anzukommen, Rückschau zu halten? Dabei weiß ich:

Wer rastet, der rostet. Wer nur rückwärts sieht, verliert die Zukunft aus den Augen. Ich brauche den Tapetenwechsel – auch im geistlichen Leben. Ich möchte im Glauben Neues entdecken. Aber was schenkt mir die Kraft dazu?

J. Lähnemann:
Hier macht uns Klaus Peter Hertzsch auf Gott aufmerksam. Und die Überschrift, unter der wir seine 3. Strophe stellen wollen, lautet:
Vertraut Gott, der uns in Jesus Christus entgegenkommt!
Im christlichen Glauben leben wir ja davon, dass Gott uns in Jesus entgegengekommen ist und dass er uns in Jesus entgegenkommen will. Wir denken daran, dass Jesus gesagt hat: „Kommet her zu mir alle, die ihr mühselig und beladen seid; ich will euch erquikken. Nehmt auf euch mein Joch und lernt von mir; denn ich bin sanftmütig und von Herzen demütig; so werdet ihr Ruhe finden für eure Seelen.“ (Matthäus 11,28-29) Jesus hat den Mühseligen und Beladenen dadurch Zukunft eröffnet, dass er sie aufgenommen hat. Er ist den Kranken und Verachteten entgegengegangen, denen die Zukunft verschlossen war. Er hat sie angenommen und zum Segen für andere werden lassen. Er ist selbst den Weg durch Ausweglosigkeit und Verlassenheit hindurchgegangen bis ans Kreuz. In ihm hat Gott am Ostermorgen das Tor des Todes geöffnet hin zum neuen, unvergänglichen Leben. Mit diesem unvergänglichen Leben will Jesus uns auch heute entgegenkommen, uns Hoffnung, Mut und Kraft geben, um mit unserer Begabung und unseren Möglichkeiten den Todesmächten in dieser Welt zu begegnen und dorthin Licht zu bringen, wo es dunkel ist.
Ich habe einen Freund, John Hull, Professor für Religionspädagogik in Birmingham, der blind ist. Als über 40-jähriger hat er allmählich seine letzte Sehkraft verloren. Er hat intensiv den Schmerz erfahren, Landschaften nicht mehr sehen zu können, Farben, Licht und Schatten nicht mehr wahrzunehmen, Städte und Häuser nicht mehr zu erkennen, die Gesichter seiner Frau und Kinder nur noch in der Erinnerung zu haben. Aber er ist aufgebrochen in ein neues Erleben der Welt. Er hat sein Hören, sein Fühlen und sein Empfinden so ent-

wickeln und schulen können, dass er in viel intensiverer Weise teilnehmen, zuhören und sich ausdrücken kann als viele sehende Menschen. Als ich ihn durch Nürnberg führte, haben wir Kirchentüren betastet, Skulpturen angefühlt und an dem Windatem die Größe eines Platzes erspürt. Er hat die Fähigkeit entwickelt, mit wenigen Notizen in Braille-Schrift seine Vorlesungen frei zu halten - lebendiger als jeder abgelesene Vortrag. In seinem Buch „Im Dunkeln Sehen" schreibt er: „Es kommt nicht darauf an, dass ich blind bin, sondern dass ich gekannt und bei der Hand geführt werde und dass mein Leben, ob als Sehender oder als Blinder, voller Lob ist". Und er schließt sein Buch mit den Sätzen: „Gott löscht die Finsternis nicht aus; Gott ist der Herr des Lichts und der Finsternis. Wenn eine Reise ins Licht eine Reise zu Gott ist, dann ist eine Reise in die Finsternis eine Reise zu Gott. Darum reise ich weiter, nicht hindurch, sondern hinein." (J. Hull: Im Dunkeln sehen. Erfahrungen eines Blinden. München/ Beck 1992, 87; 242).

F. Förster:
Dass wir im Glauben und Hoffen zu solchen Erfahrungen gelangen können - in allen Ungewissheiten, die das Denken an morgen und übermorgen und an das Jahr 2000 in uns wachrufen kann - das wollen wir Ihnen und uns mit den Strophen unseres Liedes wünschen, die wir jetzt noch einmal gemeinsam singen.

Amen.

Ich möcht’, daß einer mit mir geht

209

1

2 Ich wart’, daß einer mit mir geht, / der auch im Schweren zu mir steht, / der in den dunklen Stunden / mir verbunden. / Ich wart’, daß einer mit mir geht.

3 Es heißt, daß einer mit mir geht, / der’s Leben kennt, der mich versteht, / der mich zu allen Zeiten / kann geleiten. / Es heißt, daß einer mit mir geht.

4 Sie nennen ihn den Herren Christ, / der durch den Tod gegangen ist; / er will durch Leid und Freuden / mich geleiten. / Ich möcht’, daß er auch mit mir geht.

Text und Melodie: Hanns Köbler 1964

Predigt am 5. Sonntag nach Trinitatis, 26. Juni 2005
in der
Evangelisch-reformierten Kirche St. Martha Nürnberg
über das Lied

„Ich möcht' dass einer mit mir geht"

von Hanns Köbler (1964)
EG 209

Liebe Gemeinde! Im Fotoalbum unserer Familie aus dem Jahr 1976 gibt es ein Bild, das eine besondere Geschichte erzählt: Auf dem Gartenweg vor unserem Haus in Lüneburg sieht man zwei Kinder Hand in Hand: rechts die 8-jährige Henrike, links die 6-jährige Charlotte. Die beiden machen sich auf den Weg zur Schule. Charlotte ist noch so klein, dass sie von dem Tornister nahezu überragt wird. Sie scheint zu ihrer größeren Schwester zu sprechen: „Wie gut, dass du mit mir gehst. Du kennst den Weg. Ich bin nicht allein. Du weißt, wo und wie wir über die Straße gehen müssen, welcher Schuleingang der richtige ist und wie ich zu meiner Klasse finde. In der Pause kommst du und fragst mich, wie es im Unterricht gewesen ist. Und sollte einer frech werden: Du bist stark!" Und aus Henrikes Haltung spricht die Antwort: „Ja. Du kannst dich auf mich verlassen. Ich weiß, wo es lang geht!"
Es ist eine Geschichte zu dem Lied, das wir eben gesungen haben:

1. Ich möcht', dass einer mit mir geht,
der's Leben kennt, der mich versteht,
der mich zu allen Zeiten kann geleiten.
Ich möcht', dass einer mit mir geht.

Hanns Köbler spricht in dieser Strophe einen Wunsch aus, den sich wohl jeder von uns zu eigen machen kann: dass wir nicht allein durchs Leben gehen müssen; dass da einer oder eine ist, die mich begleiten, die das Leben kennen, die mich verstehen. Das ist immer besonders wichtig, wenn wir etwas Unbekanntes, Neues vor uns haben: sei es die Schule, die Ausbildung, das Studium, den Beruf, den

Aufbau der Familie, den Übergang ins Alter. Es kann auch die Reise in eine fremde Stadt oder sogar ein anderes Land sein. Wie gut ist es dann, wenn jemand auf uns wartet, uns begrüßt, die Sprache des Landes spricht, die Verkehrsmittel und Straßen kennt, jemand, der uns die Gebräuche erläutert, mit Freunden bekannt macht. - Jeder und jede von uns kann beides sein oder werden: Begleitete wie Begleiter. Das Leben kennen, den Anderen verstehen und selbst verstanden werden: Das gibt uns Halt, das stärkt uns, das tröstet uns – als Freund und Freundin, als Schwester und Bruder, als Partner und Partnerin, als Vater und Mutter, als Großvater und Großmutter, als Patin und Pate. Wie reich kann unser Leben werden, wenn wir Begleitung erfahren – und wie arm ist es, wenn sie uns fehlt.
In der 2. Strophe geht Hanns Köbler einen wichtigen Schritt weiter:

2. Ich wart', dass einer mit mir geht,
der auch im Schweren zu mir steht,
der in den dunklen Stunden mir verbunden.
Ich wart', dass einer mit mir geht.

Es gibt Situationen, in denen es lebensnotwendig sein kann, dass wir nicht allein gelassen sind. So ging es mir an einem der schwersten Tage meines Lebens. Es war im Sommer 1974. Ich arbeitete gerade in unserem Lüneburger Garten, als das Telefon läutete. Meine Frau meldete sich aus Loheland in der Rhön, wo sie im Gymnastikseminar einen Ferienkurs mitmachte und unsere 3 Kinder – Henrike, Charlotte und den 13 Monate alten kleinen Friedrich Georg mit dabei haben konnte. Ich höre noch ihre Stimme: „Johannes. Es ist das Schlimmste passiert. Friedrich lebt nicht mehr!" Sie hatte ihn nach dem Mittagsschlaf leblos in seinem Bettchen gefunden. Eine Wiederbelebung war erfolglos. Es war der ja noch immer mysteriöse Frühkindtod. Ich konnte ihr nur sagen: „Du hast bestimmt nichts falsch gemacht". Und : „Ich komme sofort." Schnell wurde das Nötigste gepackt, bevor ich ins Auto stieg. Dann rief ich unseren Freund Hans-Wilfried Haase an, Pastor der reformierten Gemeinde

in Lüneburg: „Wilfried, ich muss sofort nach Loheland. Friedrich ist gestorben." „Soll ich mitkommen?" fragte er. Ich verneinte das. Zehn Minuten später steht er an unserer Haustür: „Ich komme jetzt selbstverständlich mit!" Er blieb an meiner Seite, als wir über die Autobahn fuhren, hörte sich meine Verzweiflung an, dachte mit mir über alles nach, rief mit mir Erinnerungen wach, teilte mit mir die Ratlosigkeit und die Frage nach dem Sinn – und das auf einer Strekke, auf der Jahre zuvor seine eigenen Eltern durch einen Verkehrsunfall ums Leben gekommen waren.
Ich denke, manche unter uns kennen solche Situationen und Herausforderungen, die uns an die Grenze führen: wenn jemand von einem Unglück überfallen wird, wenn jemand in Depression versinkt, wenn jemand auf Leben oder Tod in einer Intensivstation liegt. Wie gut ist es, wenn da jemand mit mir geht, der auch dann an meiner Seite ist, der Zuhören kann, der Zweifel und Klage versteht, der mit mir weinen kann, der aber auch die nötigen praktischen Probleme angeht und erledigen hilft. Wichtig kann es dann sein, dass auch die Helfer Helfer haben, dass sich die Lasten auf mehrere Schultern verteilen.
Wie gut ist es dann aber auch, wenn ich einen Glauben habe; wenn ich das, was mir begegnet, nicht als blindes Schicksal nehmen muss; wenn ich von einer Kraft getragen bin, die größer ist als ich.
Hier führt uns unser Lied zu Jesus als dem, der unseren menschlichen Weg mit uns und für uns gegangen ist.

3. Es heißt, dass einer mit mir geht,
der's Leben kennt, der mich versteht,
der mich zu allen Zeiten kann geleiten.
Es heißt, dass einer mit mir geht.

Das Evangelien des Neuen Testaments sind voll davon, wie Jesus Menschen begleitet, an ihrer Seite ist, wie er Gottes Liebe zu allen bringt, die ihm begegnen.
Eine kennzeichnende Geschichte haben wir vorhin in der Evangelienlesung gehört. Da ist Petrus, der Fischer am See Genezareth, der

Jesu Predigt hört. Auf Jesu Wort hin fährt er zum Fischfang hinaus, zu einer ganz ungewohnten Zeit, und kehrt mit Booten, voll beladen von Fischen, zurück. Und nun soll er Menschenfischer werden. Das ist der Anfang eines langen Weges, auf dem er Jesus und seine Begleitung erfährt. Er sieht, wie sich Jesus der Kranken und Schwachen annimmt, er sieht, wie er Aussätzige von ihrer Unreinheit befreit, er sieht, wie er verlorene und gefallene Menschen aufnimmt und mit ihnen isst, um zu zeigen: Mit euch gehöre ich im Angesicht Gottes zusammen. Er erlebt, wie er Habsüchtige zur Umkehr bringt und den Selbstgerechten ins Gewissen redet. Er selbst ist der erste, der das Bekenntnis zu Jesus klar ausspricht. Aber er ist es auch, der Jesus verleugnet, als dieser vor dem Hohen Rat in Jerusalem angeklagt wird. Und er ist es, den Jesus auch dann nicht verlässt, sondern der ihn nach Ostern neu in den Dienst ruft.
Ich erkenne mich manches Mal in Petrus wieder als einer, der diesen Jesus an seiner Seite braucht, der Jesus braucht als den, in dem uns Gott seine Gnade und sein Erbarmen ganz unbegrenzt schenkt, auch wenn wir selbst immer wieder an unsere Grenzen geraten, wenn wir anderen etwas schuldig bleiben, wenn wir verzagt und mutlos sind. Ich brauche ihn gerade auch in dem, was die 4. Strophe unseres Liedes zum Ausdruck bringt:

4. Sie nennen ihn den Herren Christ,
der durch den Tod gegangen ist;
er will durch Leid und Freuden mich geleiten.
Ich möcht', dass er auch mit mir geht.

Dieser Vers sagt zuerst, dass Gott in Jesus mit uns Menschen den Weg in die größte Ausweglosigkeit hinein geht. Er wird verleugnet, verraten, von skrupellosen Richtern verurteilt und schließlich ans Kreuz geschlagen. Jesu Wort „Mein Gott, mein Gott, warum hast du mich verlassen" zeigt, dass er selbst die größte Verzweiflung erfahren hat.
Wenn ich verzagt bin, wenn ich allein bin, dann weiß ich, dass Jesus mit mir fühlen kann; und ich weiß, dass seine Liebe selbst in dieser

Not unbegrenzt ist, ja, dass er noch am Kreuz für seine Feinde beten kann.
Aber dieser Tod ist nicht das Letzte: Jesus ist durch den Tod hindurch gegangen. Er begegnet zu Ostern seinen Jüngerinnen und Jüngern neu als der Lebendige, als der Christus, als der Heiland. Sie erleben an ihm, dass Gott die Macht des Todes durchbrochen hat. In dieser Erfahrung ruht die Kraft, die Menschen immer wieder in der Nachfolge Jesu haben gewinnen können, wenn sie Menschen beigestanden haben und beistehen, die in Ausweglosigkeit geraten sind, und auch dann, wenn sie selbst von Verfolgung, Not und Tod umgeben waren oder umgeben sind.
Auf der Rückseite unseres Gottesdienstzettels finden Sie ein Bild von Rika Unger aus Münster, das über meinem Schreibtisch hängt (im Bildanhang dieses Buches auf der letzten Seite wiedergegeben). Es zeigt zwei Menschen auf einem kleinen Boot, die allergrößte Verzweiflung ausdrücken. Sie haben unter sich riesenhohe Wogen, die über ihr Lebensschiff hinweg schlagen, so dass sie nur noch die Brecher vor Augen haben.
Aber da ist Christus – der „Lotse" – in Gestalt des Kreuzes, der schon ganz vom Licht der Auferstehung umgeben ist und der das Boot sicher durch die Wogen lenkt – zu dem Ziel, das ihren Augen noch ganz verborgen ist, zu dem er sie aber unbeirrt geleitet. So will Jesus uns durch Freud und Leiden begleiten.
Die Botschaft dieses Bildes hat uns damals besonders geholfen, als wir unseren kleinen Friedrich verloren haben. In der Erinnerung, im Gebet und in der Hoffnung drang immer wieder der Lichtstrahl durch die Trauer hindurch. Wir haben die 13 Monate, die wir mit dem Kind hatten, als besonders lichtvolle Monate für uns ins Bewusstsein geholt; wir haben das ausstrahlende Wesen des kleinen Jungen und die glücklichen Stunden mit ihm als Vermächtnis in unser weiteres Leben hinein nehmen können. Es hat uns immer wieder gelehrt, Wichtiges von Unwichtigem im Leben zu unterscheiden und mitzuempfinden mit anderen, die ähnliches Leid erfahren haben.
Die Fragen, die Leid und Not aufwerfen, die Elend, Verzweiflung,

Krieg und Unterdrückung auf unserer Welt stellen, werden damit nicht beiseite geschoben und verdrängt. Aber sie werden umschlossen von dem Weg, den Jesus an unserer Seite, mit uns und für uns gegangen ist und der in das Land führen soll, in dem Gott alle Tränen abwischt von unseren Augen.

Martin Luther King hat das mit einem tief empfundenen Wort zum Ausdruck gebracht. Er spricht uns zu:

„Komme, was mag. Gott ist mächtig!
Wenn unsere Tage verdunkelt sind
und unsere Nächte finsterer als tausend Mitternächte,
so wollen wir stets daran denken,
dass es in der Welt eine große, segnende Kraft gibt,
die Gott heißt.
Gott kann Wege aus der Ausweglosigkeit weisen.
Er will das dunkle Gestern
in ein helles Morgen verwandeln -
zuletzt in den leuchtenden Morgen der Ewigkeit.“

Amen.

Komm in unsre stolze Welt

2. Komm in unser reiches Land, der du Arme liebst und Schwache,
daß von Geiz und Unverstand unser Menschenherz erwache.
Schaff aus unserm Überfluß Rettung dem, der hungern muß,
schaff aus unserm Überfluß Rettung dem, der hungern muß.

3. Komm in unsre laute Stadt, Herr, mit deines Schweigens Mitte,
daß, wer keinen Mut mehr hat, sich von dir die Kraft erbitte
für den Weg durch Lärm und Streit hin zu deiner Ewigkeit,
für den Weg durch Lärm und Streit hin zu deiner Ewigkeit.

4. Komm in unser festes Haus, der du nackt und ungeborgen.
Mach ein leichtes Zelt daraus, das uns deckt kaum bis zum Morgen;
denn wer sicher wohnt, vergißt, daß er auf dem Weg noch ist,
denn wer sicher wohnt, vergißt, daß er auf dem Weg noch ist.

5. Komm in unser dunkles Herz, Herr, mit deines Lichtes Fülle,
daß nicht Neid, Angst, Not und Schmerz deine Wahrheit uns verhülle,
die auch noch in tiefer Nacht Menschenleben herrlich macht,
die auch noch in tiefer Nacht Menschenleben herrlich macht.

Text: Hans von Lehndorff 1968
Melodie: Johannes Lähnemann 2009

Komm in unsre stolze Welt

Text: Hans von Lehndorff 1968
Melodie und Satz: Johannes Lähnemann 2009

Predigt am Sonntag Okuli, 15. März 2009,
in der Evangelisch-Lutherischen Kirche St. Peter und Paul
auf dem Frankenberge zu Goslar über das Lied

„Komm in unsre stolze Welt"

von Hans von Lehndorff (1968)
EG 428

Liebe Gemeinde! *„Komm in unsre stolze Welt"*. So beginnt das Lied, das wir eben gesungen haben. Wie wäre es, wenn Jesus tatsächlich käme? Was würde er sehen, worüber staunen, worüber erschrecken, worüber traurig sein? Und: Was würde er uns bringen? Wie würde er sich einmischen? Wo würde er protestieren? Wo würde er Mut machen?

Hans Graf von Lehndorff, der Dichter unseres Liedtextes, hat sich umgesehen:

Wie sieht denn die Welt heute aus? Wodurch ist sie geprägt?

Lehndorff geht diesem Gedanken nach, in jeder der fünf Strophen unseres Liedes kommt eine besondere Sicht auf die gegenwärtige Welt zur Geltung. Er sieht eine stolze Welt – Vers 1, er sieht ein reiches Land – Vers 2, er sieht eine laute Stadt – Vers 3, er sieht feste Häuser – Vers 4 und – er sieht dunkle Herzen – Vers 5. Dabei redet er nicht von der Welt allgemein, sondern es ist *unsre Welt*, auf die er blickt: unsre stolze Welt, unser reiches Land, unsre laute Stadt, unser festes Haus, unser dunkles Herz. Er redet nicht aus der Distanz über diese Welt, sondern er beschreibt sie so, wie er sie erfährt und wie wir sie erfahren können. Und damit nimmt er jeden von uns in sein Gedicht mit hinein. Es entsteht ein Lied, das eine vielfältige Bitte ist, man kann auch sagen ein Gebet. Es ist der große Wunsch, dass unser Herr, dass Jesus Christus mit seinem Geist, mit seinem Wirken, mit dem er Gottes Liebe selbst gelebt hat, zu uns kommt, dass er bei uns bleibt und uns und unsre Welt wandelt und verändert. – Dabei gebraucht Lehndorff unkonventionelle Bilder, unerwartete Wendungen, die wir so in alten Kirchenliedern kaum finden würden.

Das beginnt gleich in der ersten Strophe:

Komm in unsre stolze Welt, Herr, mit deiner Liebe Werben,
Überwinde Macht und Geld, lass die Völker nicht verderben.
Wende Hass und Feindessinn auf den Weg des Friedens hin.

Man könnte ja denken, diese Worte wären nicht in den Jahren 1967 und 1968 niedergeschrieben worden, in den Jahren also, in denen die Studenten gegen Autoritäten und Machtstrukturen rebellierten, sondern im Jahr 2008 und 2009: Im vergangenen halben Jahr ist gründlich entlarvt worden, was eine stolze Welt ist, eine Welt, in der mit Macht und Geld skrupellos umgegangen wird, in der eigener Profit über verantwortliches Wirtschaften und Zukunftshandeln gestellt wird. Und es wird sichtbar, wie kurzsichtig und kurzlebig reiche und mächtige Menschen und Institutionen weltweit mit Geldmärkten und Spekulationen jongliert haben. – Aber auch das Andere, wovon diese Strophe spricht, ist eine bedrängende Realität: dass immer noch Hass und Feindessinn herrschen und gepflegt werden, – nicht nur in Konfliktzonen wie dem Nahen Osten, sondern auch zwischen vermeintlich konträren Kulturwelten – wenn etwa bei uns der Islam pauschal als aggressiv erklärt wird und umgekehrt in der islamischen Welt pauschal vom dekadenten Westen die Rede ist.
Im Angesicht dessen bittet Lehndorff, dass Gott mit seiner Liebe Werben in unsre Welt kommt. Ein ungewöhnlicher Gedanke: Gottes Liebe wirbt um uns, um unsre Welt! Wie kommt Lehndorff auf dieses Bild? Ich denke, er kann damit an Jesus selbst erinnern: In dem, wie Jesus Gott den Menschen nahe bringt, spielt das Werben eine große Rolle. Jesus sagt nicht nur: „Liebet eure Feinde“, sondern mit dem Gleichnis vom barmherzigen Samariter wirbt er um das Verständnis des Schriftgelehrten, der im Samariter traditionell den Glaubensfeind selbst gesehen hat. – Nur da, wo unbeirrt mit der Liebe geworben wird, kann das Verderben ganzer Völker überwunden werden. Graf Lehndorff weiß, wovon er spricht, wenn er bittet: „Lass die Völker nicht verderben“. Er hat den Untergang der ganzen ostpreußischen Kulturwelt am Ende des 2. Weltkrieges und in den Jahren danach miterleben müssen und in seinem „Ostpreußischen Tagebuch“ unvergesslich festgehalten. Aber er ist darüber

nicht verbittert geworden. Er gehörte nicht nur in der Bekennenden Kirche zum Widerstandskreis gegen Hitler, sondern er hat sich wie auch andere ostpreußische Adelsfamilien dem Versöhnungsprozess mit den Völkern des Ostens gewidmet. Ein wichtiges Werbedokument für diesen Prozess ist für mich die Ostdenkschrift der Evangelischen Kirche in Deutschland gewesen, in der Deutschlands Schuld benannt und um Versöhnung gebeten wurde, ein Dokument, das unserer Politik überhaupt erst die Türen geöffnet hat, über das angetane Unrecht hinweg Verständigung und Versöhnung anzubahnen.

In der 2. Strophe unseres Liedes wendet sich Lehndorff der deutschen Realität zu, wie er sie erlebt:

Komm in unser reiches Land, der du Arme liebst und Schwache,
dass von Geiz und Unverstand unser Menschenherz erwache.
Schaff aus unserm Überfluss Rettung dem, der hungern muss.

Wir können natürlich fragen: Ist unser Land wirklich reich, wenn in ihm die Kinderarmut zunimmt, wenn in der Bildungsentwicklung immer noch die Kinder aus sozial schwierigen Verhältnissen herausfallen, wenn Obdachlosigkeit und Überschuldung von Haushalten zunehmen und wieder so viele Arbeitsplätze unsicher geworden sind. Auf der anderen Seite hat es noch nie in der Geschichte in unserem Land so viel an Privatvermögen gegeben wie gegenwärtig, und wir dürfen auch die soziale Verantwortung, die viele Vermögende wahrnehmen, nicht schlecht reden. Aber Geiz und Unverstand sind zwei Untugenden, die sich immer wieder in unseren Herzen einnisten. Und Lehndorff bittet darum, dass unser Herz sich zum Gegenteil erwecken lässt: zu Freigebigkeit und Fantasie. Freigebigkeit allein reicht nicht, unsere denkerische Fantasie ist ebenso gefragt: Wie helfen wir so, dass bei den Bedürftigen nicht Abhängigkeit entsteht, dass sie in die Lage kommen und lernen, aktiv an der Verbesserung ihrer Situation beteiligt zu sein?
Dabei muss unser Überfluss nicht allein der materielle Überfluss sein. Es kann auch die Zeit und die Kraft sein, die wir für andere einset-

zen – so wie Jesus sich an die Seite der Gebrechlichen, Kranken und Schwachen begeben hat – an die Seite derer, die unter Lebensdurst und Lebenshunger leiden. Graf Lehndorff hat nach seiner langen Tätigkeit als Chefarzt noch viele Jahre als Krankenhausseelsorger gewirkt. In einer Ansprache zum Reformationsfest 1978 hat er dazu eine bewegende Erfahrung berichtet.[1] Er erzählt, wie das Gespräch bei einem jungen Familienvater, der sich über den Verlauf seiner schweren Krebserkrankung keine Illusionen macht, im Zeichen des Haderns mit Gott steht. Lehndorff beschreibt die Situation: „Lauter Fragen, auf die ich ihm keine Antwort geben konnte. Nachdem er sich seine Anklagen von der Seele geredet hatte und etwas ruhiger geworden war, fragte ich ihn, ob ich ein Gebet für ihn sprechen dürfte. Zu meiner Überraschung nickte er zustimmend und ich sprach ein paar Sätze, die infolge meiner eigenen tiefen Betroffenheit von der Schwere dieses Schicksals sicher kein vorbildliches Gebet darstellten. Als ich den jungen Mann das nächste Mal besuchte, sagte er: „Wollen Sie wieder mit mir beten?“ Ich antwortete, ich täte es gern, wenn er mit meinem Gestammel zufrieden wäre. Da erwiderte er: „Ja, das Stammeln, das ist es gerade, was mir hilft.“ Rettung dem, der hungern muss: Ich denke, auch dieses bei dem Kranken sein ist dafür ein Beispiel, wenn wir mit unserem Überfluss – der auch ein Überfluss an Fantasie, an zeitlichem Einsatz, an klugem Mit-Bedenken sein kann – anderen zur Seite stehen.

In der dritten Strophe wendet sich Lehndorff der Frage zu, woher uns Kraft zukommen kann, angesichts großer menschlicher Nöte nicht zu verzweifeln:

Komm in unsre laute Stadt, Herr, mit deines Schweigens Mitte,
dass, wer keinen Mut mehr hat, sich von dir die Kraft erbitte,
für den Weg durch Lärm und Streit hin zu deiner Ewigkeit.

Was meint Lehndorff damit, wenn er von des „Schweigens Mitte“ spricht? Ich denke, er meint damit die Kraft, die aus der Stille kom-

[1] *Nach J. Lähnemann/U. Hahlbohm: Studienbuch Jesus Christus. Frankfurt a. M. (Diesterweg) ³1989, S. 177.*

men kann. Die Evangelien berichten uns davon, wie Jesus immer wieder auch die Stille aufgesucht hat: beim Fasten in der Wüste, im Rückzug zum Gebet und schließlich im Garten Gethsemane, wo er darum bittet, dass der Leidenskelch an ihm vorübergeht. Und sie berichten, wie er gestärkt aus diesen Stille-Zeiten hervorgeht.

Wenn wir mit unserer Familie in Nürnberg vom umtriebigen Bahnhofsvorplatz aus durch die geschäftige Königstraße in die Stadtmitte gehen, versuchen wir, wenigstens fünf Minuten in der Kirche St. Lorenz mit ihren wunderbaren geistlichen Kunstwerken einzukehren. Es sind immer einige Menschen da, die in Stille im Gebet versunken sind. Im Angesicht des Engelsgrußes, in dem Maria den Worten Gabriels lauscht, und der berühmten Rosette, die das himmlische Jerusalem symbolisiert, bin ich dann verbunden mit den lieben Menschen, die uns in Gottes Welt vorausgegangen sind, und nehme etwas von der Kraft der Stille mit für den Lärm, der mich draußen wieder erwartet. Ich freue mich deshalb immer, wenn ich offene Kirchen finde, die zu solcher Sammlung, zu solchem Aufatmen einladen.

Wenn Lehndorff dann in dieser Strophe von dem Weg zu Gottes Ewigkeit hin spricht, dann ist das für ihn keine Vertröstung auf ein Jenseits, sondern ein Glaubensgut, das uns für die Gegenwart stärkt. In einem Brief an einen Freund schrieb er einmal: „Wirklicher Glaube hat nichts mit menschlicher Vermutung zu tun. Er ist vielmehr ein Ergriffensein von der Gewissheit, dass Gott Mensch geworden und uns nahegekommen ist; dass er die Macht des Todes gebrochen und damit den Weg freigemacht hat zu einem neuen Leben, einem Leben, das nicht erst nach dem Tode beginnt, sondern schon jetzt aktuell ist für jeden, der es in Anspruch nimmt."[2]

Die nächste Strophe war die Lieblingsstrophe meiner verstorbenen Frau, wohl auch deshalb, weil sie in ihr eine gute Begründung für ihre überaus große Gastlichkeit fand:

[2] *Aus E. Kock: Sein letztes Buch hieß „Lebensdank". In: Hans Graf von Lehndorf. Hg. v. Johanniterorden 1988, S. 5-9, 9.*

Komm in unser festes Haus, der du nackt und ungeborgen.
Mach ein leichtes Zelt daraus, das uns deckt kaum bis zum Morgen;
denn wer sicher wohnt, vergisst, dass er auf dem Weg noch ist.

Bei dieser Strophe verstehen wir gut, warum Lehndorff sein Gedicht ursprünglich unter den Titel gestellt hat „Westdeutsche Weihnachtswünsche“, auch wenn es jetzt nicht unter den Weihnachtsliedern in unserem Gesangbuch steht. Es erinnert ja an die Geburt Jesu, an das ärmliche Zur-Welt-Kommen fern des Wohnortes der Eltern. Es erinnert aber auch daran, wie Jesus später den Mann, der ihm nachfolgen will, mit den Worten warnt: „Die Füchse haben Gruben und die Vögel unter dem Himmel haben Nester. Aber der Menschensohn hat nicht, wo er sein Haupt hinlege.“ Der Ort Jesu war nicht ein abgeschirmter Palast, sondern die ungesicherte Existenz eines Wanderpredigers; aber eben so begegnet er auch den Aussätzigen, die draußen leben müssen, ausgestoßen, den Blinden am Straßenrand, den verfemten Zöllnern, eben den Menschen, die ihn brauchen.
Lehndorff verwendet hier das einprägsame Bild von einem leichten Zelt, zu dem unser festes Haus werden soll. Das muss nicht unbedingt im wörtlichen Sinne verstanden werden, soll aber eine Herausforderung für uns sein. Wenn ich durch unseren Stadtteil in Nürnberg gehe, um Einladungen für unsere Gemeinde zu verteilen, dann finde ich manchmal Häuser, die wie Festungen sind: rings eisern umzäumt oder von uneinsichtigen großen Hecken umgeben, dazu eine Klingel ohne Namensschild, vielleicht noch die Warnung von dem Hund und einer Alarmanlage. Sicher gibt es Gründe, sich so abzuschirmen und ungebetene Besucher fern zu halten. Aber wie anders ist das Haus, an dessen Tür sich die ganze Familie mit selbst getöpferten Namensschildern vorstellt, wo ein einladender Klingellaut ertönt und bald darauf sich die Tür öffnet, begleitet von munteren Kinderstimmen! Unsere Strophe lädt freilich nicht nur dazu ein, offene Häuser zu haben, sondern darüber hinaus, nicht stehen zu bleiben, sich nicht einzuigeln, Neues zu wagen und sich auf den Weg zu machen, so wie Gott es schon mit Abraham unternommen hat.
Die letzte Strophe schließlich spricht eine große Bitte ganz persönlich aus:

Komm in unser dunkles Herz, Herr, mit deines Lichtes Fülle;
dass nicht Neid, Angst, Not und Schmerz deine Wahrheit uns verhülle,
die auch noch in tiefer Nacht Menschenleben herrlich macht.

Das Kommen Jesu brauchen wir dann am dringendsten, wenn wir ein dunkles Herz haben. Dunkel ist unser Herz, wenn wir von Schwerem bedrückt sind, wenn wir in unseren Gedanken nur noch um uns selbst und um unsere Probleme kreisen. Graf Lehndorff ist das täglich begegnet, nicht nur in den schweren Monaten nach dem 2. Weltkrieg in Ostpreußen, sondern auch an den Krankenbetten, an denen er den Menschen zuhörte. Das Licht, um dessen Fülle er bittet, ist nicht das Licht einer Gala-Show, mit der uns das Fernsehen beglücken will. Es ist das Licht, das in der Finsternis und in die Finsternis hinein scheint – sowohl das Licht, das die Engel den Hirten in der Weihnachtsnacht auf dem Feld bringen, als auch das große Licht, das am Ostermorgen aufleuchtet, nach der dunklen Nacht des Todes Jesu am Kreuz.
Ich besitze ein Kunstwerk der Münsteraner Künstlerin Rika Unger, das diese einzigartige Erfahrung in ein Bild fasst (im Bildanhang dieses Buches auf der vorletzten Seite wiedergegeben): Da ist in der Mitte das Osterlicht, das den Stein der Angst und Verzweiflung, der vor dem Grab Jesu gelegen hat, zerreißt. Im Hintergrund ist noch das Kreuz zu erkennen, das ganz von diesem Licht überstrahlt wird. Und von diesem großen Licht gehen nun kleine Sonnen hinaus in das Geflecht menschlicher Existenz, in die dunklen Nächte und die Tage voller Sorgen, die uns so leicht gefangen nehmen wollen, und verleihen diesen Tagen Trost und Hoffnung.
Blicken wir auf das ganze Lied von Hans von Lehndorff zurück, so können wir es zusammenfassen in der Bitte, dass unsre stolze Welt, unser reiches Land, unsre laute Stadt, unser festes Haus und unser dunkles Herz durch Gottes Lichterfülle, die uns in Jesus aufstrahlt, immer wieder getroffen, gewandelt und frei werden kann.

Amen.

Segen

Herr, wir bitten: Komm und segne uns

572

Der Kehrvers wird nach jeder Strophe wiederholt.

2 In die Schuld der Welt / hast du uns gestellt, / um vergebend zu ertragen, / daß man uns verlacht, / uns zu Feinden macht, / dich und deine Kraft verneint.

3 In den Streit der Welt / hast du uns gestellt, / deinen Frieden zu verkünden, / der nur dort beginnt, / wo man, wie ein Kind, / deinem Wort Vertrauen schenkt.

4 In das Leid der Welt / hast du uns gestellt, / deine Liebe zu bezeugen. / Laß uns Gutes tun / und nicht eher ruhn, / bis wir dich im Lichte sehn.

5 Nach der Not der Welt, / die uns heute quält, / willst du deine Erde gründen, / wo Gerechtigkeit und nicht mehr das Leid / deine Jünger prägen wird.

Text und Melodie: Peter Strauch 1978

Predigt am Sonntag, 8. Juni 2008,
in der Evangelisch-Lutherischen Auferstehungskirche
Nürnberg-Zerzabelshof
und am Sonntag, 15. Juni 2008,
in der Evangelisch-Reformierten Kirche St. Martha
über das Lied

„Herr, wir bitten: Komm und segne uns“

von Peter Strauch (1978)
EG 572 (bayerisch-thüringische Ausgabe)

Liebe Gemeinde! Wenn ich das Lied „Herr, wir bitten: Komm und segne uns“ singe oder im Posaunenchor begleite, geht mir die Melodie des Refrains lange nicht aus dem Kopf. Sie ist nicht nur ein echter „Ohrwurm“. Sie spricht mich unmittelbar an, sie baut mich innerlich auf, sie stärkt mich.
Der Refrain hat bei diesem Lied sein besonderes Gewicht: Vor jeder Strophe und nach jeder Strophe wird er gesungen. Das, was hier gesagt wird, ist wichtig, das soll sich einprägen!

Herr, wir bitten: Komm und segne uns;
lege auf uns deinen Frieden.
Segnend halte Hände über uns.
Rühr uns an mit deiner Kraft.

Das Gewicht dieses Verses liegt darin, dass er etwas ganz Zentrales sagt. Er ist eine Auslegung dessen, was Segen bedeutet. Segen heißt: dass uns Frieden geschenkt wird, dass er gleichsam auf uns gelegt wird. So ähnlich können wir es ja im Alltag erfahren: Da bin ich vor einer schwierigen Aufgabe aufgeregt, oder da habe ich mich über jemand geärgert, da bin ich manchmal vollkommen ratlos, wie ich mich in einer Sache entscheiden soll, oder da bin ich wütend, weil sich jemand mir gegenüber unverschämt verhalten hat. Wenn sich dann eine Hand auf meine Schulter legt, spüre ich: Da ist jemand, der versteht dich, der will dir Halt geben, der lässt dich jetzt nicht allein.

Genau so, ja noch viel mehr gilt das, wenn es um Gottes Segen geht: Er, dem Himmel und Erde gehören, er, der das Geheimnis des ganzen Kosmos ist, er, der in Jesus der Welt seine grenzenlose Liebe zugewandt hat, er will mich ausrüsten mit seiner Kraft.
Deswegen ist der Segen so wichtig im Gottesdienst. Wenn der Gottesdienst damit schließt, dass ich den Segen Aarons spreche: „Der Herr segne dich und behüte dich. Der Herr lasse sein Angesicht leuchten über dir und sei dir gnädig. Der Herr erhebe sein Angesicht auf dich und gebe dir Frieden“ und wenn ich dazu meine Hände erhebe, dann ist das wie eine Handauflegung Gottes auf jeden einzelnen in diesem Raum: dass wir von Gottes Kraft gestärkt, von seinem Frieden begleitet hinaus gehen in unseren Alltag und in unsere Aufgaben.

Peter Strauch, der Text und Melodie dieses Liedes geschrieben hat, hat diesem Refrain kurze Strophen gegenüber gestellt. Es sind Strophen, in denen nüchtern die Dunkelheiten unserer Welt vor unsere Augen treten:
- die Nacht der Welt,
- die Schuld der Welt,
- der Streit der Welt,
- das Leid der Welt.

Und jede der Strophen gibt einen Anstoß, wie wir Gottes Segen, seine Kraft in das Dunkel hinein tragen können. Denn der Segen, der uns zugesprochen wird, soll weiter gehen, soll die Kraft, die wir erfahren, ausstrahlen auf andere. So heißt es ja schon in einer der ältesten Segens-Stellen in der Bibel, wo Gott Abraham auf den Weg schickt und ihm zusagt: „Ich will dich segnen, und du sollst ein Segen sein.“

Natürlich war ich neugierig: Was hat sich Peter Strauch, der Liederdichter, bei diesem Aufbau des Liedes gedacht? Er ist ja ein Zeitgenosse, als Jahreszahl steht unter unserem Lied 1978. Nun, Internet und Google machen es möglich: Ich erfuhr, dass Peter Strauch eine lange und intensive Praxis als Dichter und musikalischer Gestalter

geistlicher Lieder hat, engagiert besonders in freikirchlicher Jugendarbeit und dass er von 1991 bis Anfang 2008 Präses des Bundes Freier Evangelischer Gemeinden war. Auch die Telefonnummer bekam ich heraus, und so habe ich ihn einfach angerufen. Er war gleich bereit, mir zu erzählen: Manchmal kommen Liedeinfälle ganz spontan, manchmal wachsen die Texte langsam, am schwierigsten ist es, Lieder auf einen Auftrag hin zu schreiben. Unser Lied aber hat seinen Ursprung während einer Singefreizeit gehabt. Da wäre ihm auf einmal der Gedanke dringlich geworden: Was heißt es eigentlich, unseren christlichen Glauben in dieser Welt zu leben, so wie diese Welt ist, mit ihren hellen und dunklen Seiten – und oft so weit weg davon, unsere christliche Botschaft zu hören und zu verstehen? Sind wir mit unserem Glauben nicht viel zu oft nur bei uns selbst, in unseren Gemeindekreisen, in denen wir uns verstehen, unsere Sprache haben, unsere Ausdrucksformen, unsere grundsätzliche Übereinstimmung im Glauben voraussetzen können und dabei viel zu wenig wahrnehmen, was außerhalb vor sich geht?
Wie ragt die Botschaft, von der wir leben, in die Nacht der Welt, in die Schuld der Welt, in den Streit der Welt, in das Leid der Welt hinein, wie will sie da verwirklicht werden?

Und so setzt er mit der ersten Strophe ein:

In die Nacht der Welt hast du uns gestellt,
deine Freude auszubreiten.
In der Traurigkeit, mitten in dem Leid,
lass uns deine Boten sein.

Eine gigantische Herausforderung ist das: in der Nacht, in der Traurigkeit und mitten im Leid Freude auszubreiten! Und doch lebt unser christlicher Glaube davon, dass sich mitten in der Nacht, mitten in der Traurigkeit, mitten im Leid Freude ausgebreitet hat. Es ist die Osterbotschaft: Da, wo alles zu Ende zu sein scheint, wo das Verbrechen und der Tod gesiegt zu haben scheinen über Jesus, der allen die Liebe Gottes gebracht hat, da breitet sich gegen alle Erwartung die

Freudenbotschaft aus: Jesus lebt. Die Macht des Todes ist gebrochen. Seine Botschaft, seine Taten gelten weiter, ja, sie sollen in die Welt hinaus getragen werden. Wer einmal die orthodoxe Osternacht erlebt hat, wird das nachempfinden können: wie in der stockdunklen Nacht auf einmal ein Licht angezündet wird, weiter wandert von Hand zu Hand und schließlich der ganze Kirchenraum aufstrahlt.
Härter noch als in der ersten Strophe tritt uns die Not der Welt in der zweiten Strophe entgegen:

In die Schuld der Welt hast du uns gestellt,
um vergebend zu ertragen,
dass man uns verlacht, uns zu Feinden macht,
dich und deine Kraft verneint.

Sich der Schuld zu stellen, sie zu erkennen und zu bekennen, aber auch, Schuld vergeben, das rührt an unser Innerstes. Das rührt daran, dass wir immer wieder geneigt sind, unsere Selbstachtung zu verteidigen, uns zu rechtfertigen statt Fehler einzugestehen. Und umgekehrt, die Schuld anderer zu vergeben, wie schwer fällt uns das auch! Ich möchte ein Beispiel erzählen, an dem konkret sichtbar wird, was es heißt, sich der Schuld der Welt zu stellen, aber auch, welcher Segen darin liegen kann:
Es war 1945. Deutschland lag danieder. Die Städte waren zerbombt. Millionen Flüchtlinge hatten das Unrecht der Vertreibung erfahren. Wie verbrecherisch das Nazi-Regime gewesen war, wurde vielen erst allmählich und Schritt für Schritt deutlich, man wollte es weitgehend noch nicht wahr haben. Da war es ein ungeheuer mutiges Zeichen, als der Rat der Evangelischen Kirche in Deutschland (EKD) bereits 1945 die Stuttgarter Schulderklärung abgab („Mit großem Schmerz sagen wir: Durch uns ist unendliches Leid über viele Völker und Länder gebracht worden ...“). Viele Menschen in Deutschland sahen in dieser Erklärung ein befreiendes Wort, andere bekämpften es als vermeintlichen Verrat an der Nation. Sie sahen zuerst das eigene erfahrene Leid. Dabei war die Erklärung auch von Kirchenvertretern wie Hanns Lilje und Martin Niemöller unterzeichnet, die selbst

in nationalsozialistischen Gefängnissen gesessen hatten. Sie wurden nun z. T. vehement angefeindet. International aber bedeutete diese Erklärung, dass Deutschland aus seiner Isolation trat und dass ihm die Kirchen und dann auch die Völker vor allem der Westmächte die Hand reichen konnten.
Solche Schulderkenntnis, solches Schuldbekenntnis und solche Schuldvergebung bräuchte es auch heute an vielen Stellen der Welt – in Nordirland wie in Südafrika, zwischen Japan und Korea, und besonders in Israel und Palästina – damit Völker und Religionen aus dem Teufelskreis der gegenseitigen Schuldvermutungen und Schuldzuweisungen heraus treten und einen Neuanfang wagen können. Und es braucht die Menschen, die sich deswegen verlachen und zu Feinden machen lassen – in dem Wissen, dass Gott sie gerade darin tragen will.
Wie oft wurde Mahatma Gandhi verlacht, wie lange wurde Nelson Mandela als Feind abgestempelt!

Ganz eng mit dem Thema Schuld hängt das Thema Streit zusammen, auf das Peter Strauch in der dritten Strophe eingeht:

In den Streit der Welt hast du uns gestellt,
deinen Frieden zu verkünden,
der nur dort beginnt, wo man, wie ein Kind,
deinem Wort Vertrauen schenkt.

In den Streit der Welt Frieden hinein zu tragen, das ist ein besonderer Auftrag für die glaubenden Menschen in allen Religionen und darüber hinaus. Glaubende Menschen wissen, dass Frieden mehr ist als die Abwesenheit von Krieg, dass er die Suche nach Gerechtigkeit und Solidarität einschließt, so wie es der jüdische Begriff des Schalom meint. Und von Jesus können wir lernen, dass es das kindliche Vertrauen braucht, um unbefangen Zeichen des Friedens zu setzen und neue Schritte zu wagen. Besonders sichtbar wird das bei uns in Nürnberg und in vielen anderen Städten Europas, wenn am dritten Advent das Friedenslicht von Bethlehem, das in der Geburtskirche

Jesu angezündet wurde, vom Flughafen Wien zu uns gebracht wird – und zuerst den Pfadfindern weiter gegeben wird, es in alle ihre Gemeinden hinein zu tragen, danach den Vertretern der verschiedenen Religionen in unserer Stadt: In der Suche nach dem Frieden, der höher ist als unsere Vernunft, sind wir miteinander verbunden in der ganzen Verschiedenheit unserer Bekenntnisse.
Eine Friedensinitiative, die noch viel zu wenig bekannt geworden ist bei uns, ist der Brief von weltweit 138 muslimischen Führungspersönlichkeiten, den sie im Oktober letzten Jahres an alle christlichen Führungspersönlichkeiten richteten. Sie betonen in diesem Schreiben, dass Christen und Muslime eine große Verantwortung für den Weltfrieden tragen, da sie zusammen mehr als die Hälfte der Weltbevölkerung ausmachen. Sie stellen klar, dass Juden, Christen und Muslime ein großes gemeinsames Erbe haben im Doppelgebot der Liebe zu Gott und zum Nächsten. Und sie heben hervor, dass die Liebe zum Nächsten unlösbar verbunden ist mit Religionsfreiheit und mit der Suche nach Gerechtigkeit. Inzwischen haben intensive Gespräche begonnen zwischen christlichen und muslimischen Gremien, wie man das, was hier gesagt ist, auch wirklich einlösen kann angesichts des nicht enden wollenden Streits, der fehlenden Gerechtigkeit und der fehlenden Religionsfreiheit in so vielen Ländern der Erde.

Das Besondere der vierten Strophe, die nun folgt, ist, in uns eine heilsame Unruhe zu entfachen: wo wir gebraucht werden, wo wir uns einsetzen können, wo wir uns mit unseren Fähigkeiten einbringen können:

In das Leid der Welt hast du uns gestellt,
deine Liebe zu bezeugen.
Lass uns Gutes tun und nicht eher ruhn,
bis wir dich im Lichte sehn.

Wenn ich die Bitten um Hilfe und Spenden sehe, die fast täglich in mein Haus flattern und die das Leid der Welt vor mir ausbreiten, dann möchte ich manchmal mutlos werden. Was kann ich denn alles wahrnehmen, wo ist meine Hilfe mehr als ein Tropfen auf den heißen Stein? Und dann denke ich doch auch weiter: Ist es nicht ein gutes Zeichen, dass es für so viel Leid und Not ein Sprachrohr gibt, Menschen, die sich gegen das Elend in der Nähe und der Ferne einsetzen? Kann ich nicht wenigstens ein oder zwei der Aufgaben, die da beschrieben werden, zu meinem Aufgaben machen? Jedenfalls gibt es keinen Grund dafür, dass ich mich selbstzufrieden zurücklehne.

Wichtig scheint mir hier auch, darüber nachzudenken, was meine spezifische Fähigkeit ist, wo ich mich mit meinen besonderen Gaben einsetzen kann: Manche unter uns können sicher gut reden, um andere von einer wichtigen Aufgabe zu überzeugen, andere können gut rechnen und durchschauen wirtschaftliche Zusammenhänge, andere können gut zuhören, wo es bei anderen Sorgen gibt, manche können einfach zupacken, wo es um praktische Hilfe geht, andere können wenigstens für Stunden die Menschen entlasten, die durch Pflege oder Erziehung unter einer Dauerbelastung stehen.

„Bis wir dich im Lichte sehn“ heißt es am Ende dieser Strophe: Unser Lied hat eine Zukunftsperspektive, die über unser Leben weit hinausreicht. Sie entfaltet Peter Strauch in der letzten Strophe des Liedes:

Nach der Not der Welt, die uns heute quält,
willst du deine Erde gründen,
wo Gerechtigkeit und nicht mehr das Leid
deine Jünger prägen wird.

Segen heißt: getragen sein von der großen Hoffnung, dass der, der alles Leid gespürt und auf sich genommen hat, letztlich der Herr der Welt ist:

- Er will den Hunger nach Gerechtigkeit stillen.
- Er will den Hunger nach Frieden stillen.
- Er will die Trauer in Freude verwandeln.
- Er will auf alle Abschiede mit dem Geschenk des ewigen Lebens antworten.

Das ist die Vision, mit der wir im Glauben leben und die besonders der Seher Johannes in der Offenbarung am Ende der Bibel beschreibt: dass Gott die Tränen von allen Augen abwischen wird, dass der Tod nicht mehr sein wird noch Leid noch Geschrei noch Schmerz.
Er will, dass wir mit dieser Hoffnung vor Augen leben.
Und er braucht uns als Segensträger für sein großes Werk.

Amen.

Bewahre uns, Gott

171

1

Bewahre uns, Gott, / behüte uns, Gott, / sei mit uns in allem Leiden. / Voll Wärme und Licht / im Angesicht, / sei nahe in schweren Zeiten, / voll Wärme und Licht / im Angesicht, / sei nahe in schweren Zeiten. 2

Bewahre uns, Gott, / behüte uns, Gott, / sei mit uns vor allem Bösen. / Sei Hilfe, sei Kraft, / die Frieden schafft, / sei in uns, uns zu erlösen, / sei Hilfe, sei Kraft, / die Frieden schafft, / sei in uns, uns zu erlösen. 3

Bewahre uns, Gott, / behüte uns, Gott, / sei mit uns durch deinen Segen. / Dein Heiliger Geist, / der Leben verheißt, / sei um uns auf unsern Wegen, / dein Heiliger Geist, / der Leben verheißt, / sei um uns auf unsern Wegen. 4

Text: Eugen Eckert (1985) 1987
Melodie: Anders Ruuth (um 1968) 1984 »La paz del Señor«

Predigt am 7. Sonntag nach Trinitatis, 26. Juli 2009
in der Chiesa Evangelica in Luino über das Lied

„Bewahre uns, Gott, behüte uns, Gott“

von Eugen Eckert (1985/87)
EG 171

Liebe Gemeinde! Es gibt Lieder, mit denen verbinden sich für uns besondere Erinnerungen und Erfahrungen. Bei „Bewahre uns Gott, behüte uns, Gott“ kann ich gleich von zwei solcher Erfahrungen berichten:
Meine verstorbene Frau Susanne liebte das Lied mit seiner ruhig bewegten, schwingenden Melodie und mit seiner vertrauensvollen, hoffnungsvollen Hinwendung zu Gott sehr. Sie machte noch in ihren letzten Lebensjahren eine Ausbildung in meditativem Tanz. Für das Gemeindefest in unserer Gemeinde in Nürnberg wünschte sie sich, dass am Nachmittag alle Stühle des großen Kirchenraums einmal an die Seite geräumt wurden. Im Angesicht des Altars mit seinem Kreuz und dem darüber hängenden Teppich, der das Osterlicht versinnbildlicht (siehe Bild 2 im Bildanhang), versammelte sich eine große Runde alter und junger Gemeindeglieder und Gäste. Alle fassten sich bei den Händen und schritten im Kreis mit Gesten, die zu den Bildern des Liedes passten, durch den großen Raum. Es ergriff uns alle eine tiefe Andacht und Verbundenheit, die wir nachempfinden können, wenn wir uns noch einmal den schwingenden Rhythmus von Wort und Melodie vergegenwärtigen:

Bewahre uns, Gott, behüte uns, Gott,
sei mit uns auf unsern Wegen.
Sei Quelle und Brot in Wüstennot,
sei um uns mit deinem Segen.

Ich bin fünf Jahre nach dem Heimgang meiner Frau Susanne wieder glücklich verheiratet. Meine Frau Sabine erzählte mir nun vor kurzem eine zweite Erfahrung: Als sie mit einer Gruppe ihrer Goslarer Gemeinde eine Reise nach Israel, Palästina und auf den Sinai

gemacht haben, war dieses Lied ihr Leitmotiv, das sie immer wieder gesungen und sich vergegenwärtigt haben. Es gibt ja wohl kein Land auf der Erde, das wie dieses die Geschichte Gottes mit den Menschen – in Heil und Unheil, in Frieden und Unfrieden, in Gottesgehorsam und Handeln gegen Gottes Willen – sichtbar macht und das Gebet um Bewahrung lebendig werden lässt. Da kann man in Galiläa und am See Genezareth die Schönheit und Fruchtbarkeit der Schöpfung Gottes bewundern, da kann man in Jerusalem das Mit- und Gegeneinander der Völker und Religionen erleben, da kann man sich am Sinai an die Gebote Gottes und die Führung des Volkes Israel durch die Wüste erinnern. Was Quelle und Brot in Wüstennot ist, wird unmittelbar erlebbar. Die Reisegruppe hat damals auch Orte aufgesucht, an denen unbeirrt gegen Hass und Feindschaft gearbeitet wird, wie etwa in der Schule Talita Kumi in Beit Jala bei Bethlehem, wo im Schatten der Grenzmauer christliche und muslimische Kinder und Jugendliche im Geist von Versöhnung und Frieden erzogen werden. „Bewahre uns, Gott, behüte uns, Gott“ wird da zur Bitte gegen alle Angst und Resignation!
Ich denke, beide Erfahrungen sind sehr im Sinne des Liederdichters Eugen Eckert, der als Sozialarbeiter, Gemeindepfarrer und seit 1995 als Studentenpfarrer in Frankfurt wirkt und mit anderen zusammen 1975 die Frankfurter Band HABAKUK gegründet hat, die seither in hunderten Konzerten in In- und Ausland musizierte und seit 1977 an allen Kirchentagen beteiligt war. Von Dieter Trautwein, der damals Propst in Frankfurt war und dem wir das Lied „Komm, Herr, segne uns“ verdanken, bekam Eckert den Anstoß, es fehle für das neue Evangelische Gesangbuch noch an guten zeitgemäßen Segensliedern. Und dann wurde er zuerst mit der Melodie des Liedes bekannt, die dem schwedischen Theologen Anders Ruuth zu verdanken ist, der lange Zeit in Argentinien arbeitete und diese Melodie zu dem argentinischen Lied „La Paz del Senor“ = „Der Friede des Herrn“ entworfen hat. Der spanische Text war schwer zu übersetzen, aber Eckert fand, dass die Melodie sich besonders auch für ein Segenslied eignet. Für beide Textfassungen - die spanische wie die deutsche -

ist die existenzielle Tiefe der christlichen Glaubenserfahrung wichtig, die hält und trägt und die dem Heillosen in dieser Welt Heilsames entgegensetzt.
Es ist damit auch ein Lied, das jeder und jede von uns in unserem persönlichen Leben auf sich beziehen kann: Denn wer kennt nicht die Wüstennot, wo Trost und Hoffnung entschwunden sind, wo heilsamer Trost und Hilfe wie klares Quellwasser und wie gesundes Brot gebraucht werden?!

Hier schließt unmittelbar die zweite Strophe an:

Bewahre uns, Gott, behüte uns Gott,
sei mit uns in allem Leiden.
Voll Wärme und Licht im Angesicht,
sei nahe in schweren Zeiten.

Gott mit uns im Leiden: Das ist eine unerhörte Botschaft, die sich aber gerade in der Bibel an ganz entscheidenden Stellen darbietet: Gott, der sich der Sklaven in Ägypten annimmt, Gott, der sein Volk auch im Exil in Babylon nicht allein lässt, und – ganz zentral für unseren christlichen Glauben –, der in Jesus mit uns den Weg auch in die größte Ausweglosigkeit hinein geht. Jesus nimmt sich der Leidenden und Schwachen an – der Blinden, der Lahmen, der Aussätzigen, derer, die auf verkehrte Wege geraten sind: Er geht auf sie zu, er nimmt sie in die Arme, er befreit sie von ihrer Last; sie erfahren die Liebe und Wärme Gottes. Und Jesus nimmt selbst die Trostlosigkeit und Verlassenheit eines verratenen und verleugneten Menschen auf sich, ja, die Angst tiefster Gottverlassenheit, die er selbst am Kreuz herausschreit. Sie wird gegen alle Erwartungen verwandelt in neues Licht und neues Leben am Morgen des Ostertages. Und damit wird sie zur Hoffnung, die unser Glaube auch für die tiefste Verlassenheit leidender, verfolgter, unterdrückter Menschen bereithält. Am Ende steht nicht das Nichts, sondern ein Leben in voller Gemeinschaft mit Gott, wo Gott die Tränen von allen Augen abwischen wird, wie es in der Offenbarung des Johannes heißt. Besonders eindrücklich ist in der zweiten Strophe das Bild von „Wärme und Licht im Angesicht“; denn im Leiden kann es uns immer wieder passieren, dass unser Gesicht wie starr wird, dass wir uns wie gelähmt und gefesselt fühlen. Wärme und Licht können uns aus der Starre herausführen, uns Helles und Helfendes neu erkennen lassen, uns Trost und Stärke geben. Besonders verstanden und gelernt hat man das in der Hospizbewegung, wenn in ihr Sterbenden Wärme und Geborgenheit geboten wird, Begleitung, Linderung und eine schöne und helle Umgebung. Da ist Zeit und Ruhe für die da, die Abschied nehmen vom Leben, da hört man auf sie im Lebensrückblick. Da gibt man dem Leben Würde bis zum Ende.

Die Bewahrung, um die dann in der dritten Strophe gebeten wird, spricht noch eine weitere Dimension menschlicher Not an, die uns im Innersten treffen und zur Verzweiflung treiben kann:

Bewahre uns, Gott, behüte uns, Gott
sei mit uns vor allem Bösen.
Sei Hilfe, sei Kraft, die Frieden schafft,
sei in uns, uns zu erlösen.

Das Böse ist eine Realität in unserer Welt, vor der wir unsere Augen nicht verschließen dürfen. Dass es so etwas wie das Teuflische in Person geben kann, haben uns ein Hitler und ein Stalin im letzten Jahrhundert gelehrt, und ein Saddam Hussein und ein Mugabe zeigen, dass das Böse bis in unsere Zeit sich Machtstrukturen schaffen kann, die ganze Völker in Unterdrückung halten. Leider haben auch religiöse Gruppen und Institutionen in Geschichte und Gegenwart oft genug Böses geduldet, legitimiert und verschärft. Es gibt viele Konflikte, in denen auch religiöser Hass gesät wird, Andersglaubende verachtet und verleumdet werden – in Nordirland, im ehemaligen Jugoslawien, im Nahen Osten, in Sri Lanka.
Es gibt aber auch das Andere, das viel zu wenig bekannt ist: dass oft genug Religionen der entscheidende Faktor sind, um Böses zu überwinden und Frieden zu schaffen. Es ist kürzlich ein Buch erschienen,

das sich ganz diesem Thema widmet: „Religion Macht Frieden“. Der Autor – Markus Weingardt – macht sichtbar, dass es in allen Kontinenten an vielen Stellen religiöse und besonders auch interreligiöse Friedensstifter gibt. Ohne Nelson Mandela und Desmond Tutu und die Zusammenarbeit verschiedener christlicher Konfessionen und auch mit Muslimen in Südafrika hätte es kein unblutiges Ende der Apartheid gegeben, ohne die Kerzen in den Kirchen hätte es keine Wende in der DDR gegeben.

Besonders gerne erzähle ich von der Arbeit der Schneller-Schulen im Nahen Osten, in deren deutschem Vorstand ich mitarbeite: In Amman in Jordanien und in Khirbet Kanafar im Libanon werden Kinder und Jugendliche aus armen Familien, christlich und muslimisch aus allen Konfessionen, gemeinsam im Geist des Evangeliums erzogen und ausgebildet. Während des langen Bürgerkrieges im Libanon ist die Schule in Khirbet Kanafar niemals angegriffen worden, weil alle Seiten Kinder in der Schule hatten. Lernen miteinander, über einander und für einander gehört zum Konzept. Und so kann es vorkommen, dass im Fastenmonat Ramadan christliche Kinder besonders früh aufstehen, um den muslimischen Freundinnen und Freunden ein Frühstück zu bereiten, bevor für diese der Fasttag beginnt. Und umgekehrt kann es vorkommen, dass muslimische Kinder mit christlichen Mitschülerinnen und –schülern den Karfreitagsgottesdienst besuchen, um mit ihnen die Erinnerung an Jesu Leiden zu teilen.

Eine besondere Wendung hat die dritte Strophe unseres Liedes, wenn es in ihr heißt: „Sei Hilfe, sei Kraft, die Frieden schafft, sei in uns, uns zu erlösen.“ Glaubende Menschen können aus einer Kraft schöpfen, die über menschliches Vermögen hinausgeht. In jeder der Biographien über religiöse Friedensstifter kommt das zum Ausdruck: bei Albert Schweitzer ebenso wie bei Mahatma Gandhi, bei Dagh Hammarskjöld, dem ersten Generalsekretär der UNO, ebenso wie bei Martin Luther King. Dabei waren sich alle über ihre eigenen menschlichen Grenzen und Schwächen im Klaren und sich bewusst, dass Böses letztlich nur durch Erlösung überwunden werden kann:

durch Herauslösen aus Verhärtung, Verachtung, Ablehnung und Hass. Es ist Gottes Kraft, die das erreichen kann – und zwar zu allererst, wenn sie in uns selbst wirkt. Eugen Eckert, der Liederdichter, hat mir selbst mitgeteilt, dass er an dieser Stelle besonders an die Bitte des Vaterunsers gedacht hat: „und führe uns nicht in Versuchung, sondern erlöse uns von dem Bösen.“ Zentral ist es dabei, dass wir frei werden von dem verachtenden Urteil über Andere, dass hilfreiches, mit empfindendes Denken in uns selbst beginnt.

In der letzten Strophe unseres Liedes wird das Motiv des Weges wieder aufgenommen, mit dem das Lied in der ersten Strophe begonnen hat:

Bewahre uns Gott, behüte uns, Gott,
sei mit uns durch deinen Segen.
Dein Heiliger Geist, der Leben verheißt,
sei um uns auf unsern Wegen.

Segen: Das ist der Kraftstrom, der von Gott ausgeht. Ihn haben die Jüngerinnen und Jünger erfahren, als sie zu Pfingsten von Gottes Geist erfüllt wurden. Gottes Geist soll um uns sein, soll uns gleichsam einhüllen. Wenn der Heilige Geist um uns ist, dann blicken wir auf das heilsame Leben hin, das er verspricht und fördern will. Dann haben wir Visionen. Dann können uns verschiedene Sprachen und verschiedene Kulturen nicht mehr trennen. Dann sind für uns Gerechtigkeit, Frieden und Bewahrung der Schöpfung nicht nur ferne, globale Themen. Sondern dann beflügeln sie unsere Wege im Alltag. Gerechtigkeit fordert unser politisches und soziales Mitdenken und Handeln. Frieden fordert dann, bei uns selbst zu schauen, wo Schwerter in Pflugscharen, wo beleidigende Worte in heilvolle Worte gewandelt werden können. Bewahrung der Schöpfung bedeutet dann, die Schönheit unserer Erde bewusst wahr- und in uns aufzunehmen und immer darauf zu achten, wo und wie wir an der Erhaltung unserer Lebensgrundlagen mitwirken können.
Ich hatte einmal das Vorrecht, bei einem Universitätsaustausch in

Birmingham in England im dortigen Woodbrock College in dem Zimmer zu übernachten, in dem Mahatma Gandhi bei seinem berühmten Aufenthalt zu Verhandlungen mit der britischen Regierung über die Unabhängigkeit Indiens gewohnt hatte. Vor dem Zimmer hing ein Bild von ihm mit einem Text, der mich seitdem nicht losgelassen hat. In ihm heißt es:
„Wenn du vor einer Entscheidung stehst und bist unschlüssig, welches der richtige Weg sein wird, dann stell dir einmal die ärmste menschliche Kreatur vor Augen, die dir je begegnet ist und überlege, ob das, was du tust, auch nur einen kleinen Schritt zur Verbesserung seiner Lebensumstände beitragen wird. Dann wirst du sehr schnell wissen, wie du dich zu entscheiden hast.“
Ich denke, aus diesen Worten – die freilich von einem Hindu gesagt wurden, der nicht Christ wurde, der aber konsequent auf dem Weg Jesu gehen wollte – spricht auch der Heilige Geist, der Segen verheißt.
Ich weiß, wie weit ich oft entfernt bin von dem konsequenten Handeln nach dieser Regel. Aber ich spüre, dass, je stärker der Geist Gottes um mich ist, die Freiheit wächst, so zu leben.
Blicken wir zurück auf das Lied als Ganzes, so erschließt sich uns die Bitte um Gottes Begleitung wie in einem großen Kreis, bei dem das Eine in das Andere greift: als eine Bitte um Quelle und Brot, da wo es Wüsten gibt in unserem Leben, als eine Bitte um Gottes Beistand auch da, wo uns Leiden begegnet, als eine Bitte um die Kraft, die uns zu Friedensstiftern machen kann, und als eine Bitte um den Heiligen Geist, dessen Segen uns umgeben soll auf all unsren Wegen.

Amen.

Die Chöre der Auferstehungskirchengemeinde Nürnberg

Posaunenchor

1. Trompete
Werner Schmidbauer
Dr. Helmut Schmidt
Max Schmidt
Jutta Schulz
Georg Neumaier
Günter Schramm
Armin Herrler
Martin Rohde

2. Trompete
Susi Grzonka
Reinhold Lipponer
Stefanie Sonnleithner
Christine Wolf
Yuan Zhang
Werner Schuhmann

Tenor
Wolfgang Feurer
Dr. Johannes Lähnemann
Günter Preuss
Martin Wilke
Gertrud Loos
Jonas Junge
Petra Gruner

Bass
Hans Zeltner
Pit Hauge
Günter Schuhmann
Arnd Glaubrecht
Ernst Roth
Susumu Kakizoe

Gospelchor & Band

Sopran
Birgit Spannraft
Nicole Blendinger
Clara Fischer
Ilka Bräuer
Karla Strese
Barbara Luber
Helga Kahlert
Alexandra Winkler
Ingeborg Eckardt
Martina Scharnowell
Sybilla Mieves
Anke Ommert
Gabriele Ritter
Gabriele Mahler

Alt
Claudia Schröter
Erika Pfund
Dagmar Zernikow
Martina Raffler
Monika Fischer
Julia Wankel
Reingard Fuchs
Andrea Ulrich
Christine Tomandel
Eva-Maria Schmidt
Linda Liebel
Sophia Rath
Birgit von Poblocki
Eva Spörlein
Irene Liebscher

Tenor
Hanspeter Seemann
Jürgen Blümel

Verena Schiller
Michael Geßner
Bass
Arne Wankel
Frank Hase
Christian Schmidt
Wolfgang Fuchs
Achim Ulrich
Sebastian Mähner

Band
Piano: Moritz Fischer
E-Bass: Alfred Barth
Schlagzeug: Sebastian Fischer

Kirchenchor

Sopran
Susanne Woeckel,
Wilma Drechsel
Angelica Cellbrot
Marianne Köhler
Johanna Wißmüller
Nicole Blendinger
Karin Rössler
Alt
Elisabeth Sonnleithner
Ursula Günther
Traudl Angerer
Barbara Gröschel
Marianne Wolf-Stattmann
Ursula Mähner
Regina Deyerl
Brigitte Lorenzonn
Ilse Blos
Tenor
Heinz Sippel
Marianne Wommelsdorf
Henrik von Platen
Jürgen Brettschneider
Steffen Gapp
Bass
Eberhard Günther
Dr. Dr. Karl Gröschel
Konrad Haller
Wolfgang Sonnleithner
Reinhard Hübner
Georg Dresel
Leonhard Fleischmann
Wolfgang Cellbrot

Kinderchor I

Marlen Wagner
Carola Vilser
Kara Linkmann
Jana Grabbe
Layla Klemm
Johannes Feurer

Kinderchor II

Alice, Erik u. Tale Diepers
Timon Sonnleithner
Marena Moritz
Paula u. Andrea Witas
Nina Käferlein
Dana Zunner
Clara Fischer
Klara Steffani
Franziska Rosenbauer
Nelly Heidenreich
Paula Bleitner
Lisa-Marie Eierding
Laura Trummer
Luisa Taugerbeck
Malina Weinholz
Julia Wunder
Agnes Hoppe
Simone Wagner

Leitung aller Chöre:

Heidi Brettschneider

Die Auferstehungskirche in Nürnberg-Zerzabelshof
mit ihrer Rosette und dem „Rufer“ von Karl Ibscher

Taufstein (Karl Ibscher) und Altar in der Auferstehungskirche
Über dem Altar der Osterteppich:
Das Licht überstrahlt und vertreibt die Dunkelheit des Todes

Eine Gruppe der *Religionen für den Frieden* Nürnberg vor dem Portal der Auferstehungskirche mit dem Bronzerelief mit biblischen Szenen (Karl Ibscher)

Die *Goodnews Gospelsingers* strahlen etwas aus von der Freude der „guten Nachricht" von Jesus Christus

Im *Posaunenchor* blasen Alt und Jung zusammen zur Ehre Gottes

Die *Kinderchöre* sind Ensembles kleiner Künstler, die sich alte und neue geistliche und weltliche Melodien vertraut machen.

Der *Kirchenchor* erschließt die ganze Weite klassischer Kirchenmusik.

Bassprobe im großen Gemeindesaal

Bei einer Gebetsstunde der *Religionen für den Frieden*
in der Evangelisch-Reformierten Kirche St. Martha

Christus als Pantokrator in der Rumänisch-Orthodoxen Kathedralkirche in Nürnberg (zur Predigt „Wachet auf, ruft uns die Stimme")

„Großes Licht und kleine Sonnen" - monoriss von Rika Unger (zur Predigt „Komm in unsre stolze Welt")

„Lotse“ – Holzschnitt von Rika Unger
(zur Predigt „Ich möchte, dass einer mit mir geht“)